SoSwI' vavwI' je quvmoHjaj paqvam.

AF548846

Dieses Werk wurde durch das Deutsche Klingonisch-Institut überprüft.

Klingonisch auf Conventions

Autor: Lieven L. Litaer
Layout: Lieven L. Litaer
Korrektorat: Gundel Steigenberger
Cover- und Umschlaggestaltung:
© Juliana Fabula | Grafikdesign – www.julianafabula.de/grafikdesign
unter Verwendung folgender Stockdaten: shutterstock.com: pixelparticle, Golubovy, Art tools design, leyvud; freepik.com

Zeichnungen des Covers und der Kapitel-Bilder: Francisco K. Pérez Ortiz
Zeichnungen „Klingonischlehrer": Dani Safitra

klingonische Schriftzeichen: KApIqaD by Hol 'ampaS: https://hol.kag.org/
klingonische Überschriften: basierend auf Zeichen aus *Star Trek: Discovery*

ISBN: 978-3-9823968-2-8

1. Auflage

Wer im Buchhandel kein Glück hat, bekommt unsere Bücher auch direkt über unseren Internet-Shop: www.klingonisch.de/webshop/

Die Deutsche Nationalbibliothek verzeichnet diese Publikation in der Deutschen Nationalbibliografie. Detaillierte bibliografische Daten sind im Internet über https://d-nb.info/1323577483 abrufbar.

Egpyt Verlag, Saarbrücken 2024
https://www.egpyt.de

Lieven L. Litaer

KLINGONISCH
AUF CONVENTIONS

Code einscannen und alle Dialoge
als Audioversion anhören:

Oder diese URL aufrufen:
https://klingonisch.de/conventions-dialoge

paq 'ay'mey

Praktische Informationen

Lektionen

Besonderheiten

Aussprachehinweise

a	ɑ	wie in *Palme* oder *Bar*
b	b	wie das deutsche b in *Boot* oder *Bube*
ch	t͡ʃ	wie tsch in *Tschüß*, *Ciao* oder *Matsch*
D	ɖ	ähnlich dem deutschen d, aber die Zunge berührt den Gaumen weiter hinten
e	ɛ	wie ä in *hätte, Mäntel, Bett*
gh	ɣ	Zunge wie beim Wort *Gras*, aber entspannt und mit einem leichten Summen, beinahe wie **H**, aber stimmhaft
H	x	nicht wie ch in *Bach*, sondern mit einem leichten Kratzen, wie im Ausruf *Ach!*
I	ɪ	wie ein e in *Tee*, ähnlich dem i in *Schiff*
j	d͡ʒ	wie in *Job, Gin, DJ* – niemals wie *Journal*
l	l	wie in *laufen* oder *voll*
m	m	wie in *Martha* oder *Milch*
n	n	wie in *Nase* oder *Benni*
ng	ŋ	wie der Endlaut in *Ding* – nie getrennt wie in *Mango*
o	o	geschlossenes o wie in *Hose* oder *Sohn*
p	pʰ	wie in *Paris* oder *Galopp*, plus einem kleinen Luftausstoß
q	qʰ	ähnlich dem deutschen k, aber weiter hinten im Hals. Die Zunge soll dabei das Zäpfchen berühren und gleichzeitig die Kehle verschließen. Der Laut soll von einem Luftstoß begleitet werden.
Q	q͡χ	Kombination von **q** gefolgt von **H**, ähnlich dem Anlaut in *Kratzen* oder *Kreuz*
r	r	ein mit der Zungenspitze gerolltes r, jedoch nicht sehr stark.
S	ʂ	irgendwo zwischen Englisch *show* und Deutsch *Schau*, oder wie ein deutsches s mit der Zungenstellung wie für das klingonische **D**
t	tʰ	wie t in *Ton* oder *Bett*, gefolgt von einem leichten Luftausstoß
tlh	t͡ɬ	Um diesen Laut zu üben, spreche man erst ein t, lässt jedoch die Zunge in der Position stehen und versucht so direkt hinterher ein l zu sprechen und dabei auszuatmen. Das Ergebnis sollte stimmlos sein und man sollte fühlen können, wie auf beiden Seiten der Zunge die Luft schnell entweicht. Dieser Laut entsteht in der Mitte von Wörtern wie *Lötlampe* oder *Blattlaus*.
u	u	wie u in *Kuh* oder *Mund*
v	v	etwa wie ein deutsches w in *Wasser*, aber Oberzähne auf Oberkante der Unterlippe
w	w	sehr kurzes u wie in der Mitte von *Aua* – kein deutsches w!
y	j	wie j in *jetzt* oder *ja*
'	ʔ	wie die kurze Pause in *oh-oh!* oder *Beamter*. Falls der Apostroph am Ende des Wortes steht, wird er manchmal von einem leichten Echo des vorangehenden Vokals gefolgt.
aw	ɑʊ̯	reimt sich auf das deutsche *lau* oder *schlau*
ay	ɑi̯	reimt sich auf das deutsche *Mai* oder *Lakai*
ew	ɛʊ̯	klingonisches **e** gefolgt von **u**, so wie ein deutsches ä + u
ey	ɛi̯	reimt sich auf den Ausruf *Hey* oder *Milky Way*
oy	oi̯	reimt sich auf das deutsche *neu* oder *treu*
uy	ui̯	reimt sich auf das deutsche *Ui* oder *pfui*
Iw	ɪʊ̯	klingonisches **I** gefolgt von **u**, so wie deutsch e + u getrennt gesprochen
Iy	iː	klingt wie das lange i im deutschen Wort *wie*

Grammatik muss sein!

Um eine Sprache zu lernen, muss man über sie sprechen. Und um über sie zu sprechen, muss man gewisse Fachbegriffe kennen. Hier sind die wichtigsten, die man kennen sollte.

Verb

Das Tu-Wort oder auch Zeitwort zeigt eine Handlung an, wie z.B. *laufen* oder *essen*. Im Klingonischen werden diese Wörter nie verändert, man kann aber Silben anhängen.

Nomen

Ein Substantiv oder Namenwort ist die Bezeichnung für einen Gegenstand oder eine Idee, z. B. *Schuh* oder *Wolke*. Auch hier wird im Klingonischen gerne was angehängt.

Präfix

Sagen wir lieber Vorsilbe, dann weiß man, wo sie hinkommt: vor das Wort. Vorsilben werden im Klingonischen genutzt, um zu zeigen, wer mit wem agiert.

Suffix

Das Gegenteil des Präfixes ist die Nachsilbe, denn sie kommt hinter dem Wort. Die Nachsilben haben im Klingonischen viele verschiedene Funktionen.

Adverb

Auf Deutsch Umstandswort genannt, beschreibt dieses die Art und Weise, wie eine Handlung geschieht, z. B. *plötzlich*.

Pronomen

Meistens sind Personalpronomen gemeint, also persönliche Fürwörter. Um es einfach zu machen: *ich, du, er, sie, es, wir, ihr, sie*.

Subjekt

In einem Satz ist das derjenige, der etwas macht: *Der Hund sieht den Mann.*

Prädikat

Dies ist das, was passiert oder gemacht wird. An dieser Stelle steht das Verb: *Der Hund sieht den Mann.*

Objekt

Das „Opfer" der Handlung. Im Beispielsatz ist es derjenige, der gesehen wird: *Der Hund sieht den Mann*.

Adjektiv

Ein Eigenschaftswort beschreibt die Eigenschaft einer Person oder eines Gegenstandes: *groß, klein, gefährlich*. Im Klingonischen werden Adjektive wie Verben behandelt, d. h. *groß sein*, *gefährlich sein*, usw.

Plural

Die Mehrzahl eines Wortes, d. h. wenn es mehr als eins ist: *Kühe, Häuser, wir*.

Singular

Die Einzahl eines Wortes oder von Personen, also *ein Haus, ich, du*.

bI'reS taymey

Die wichtigsten Grundlagen, um Klingonisch zu lernen, sind sicher in Marc Okrands Hauptwerk „Das Offizielle Wörterbuch" enthalten. Es ist jedoch dafür bekannt, dass es zwar die Grundlagen der Sprache enthält, durch seinen Aufbau aber nicht zum Lernen geeignet ist. Stattdessen empfehle ich als ersten Schritt mein eigens dafür erstelltes Buch „Klingonisch für Einsteiger", das dich wie ein Schulbuch an die Hand nimmt und über zehn Lektionen in die Sprache einführt, so dass man am Ende ein kurzes Gespräch führen kann. Parallel dazu sollte man sich das „Arbeitsbuch Klingonisch" anschauen, das große Mengen spielerischer Übungen zu jeder Wortart bietet.

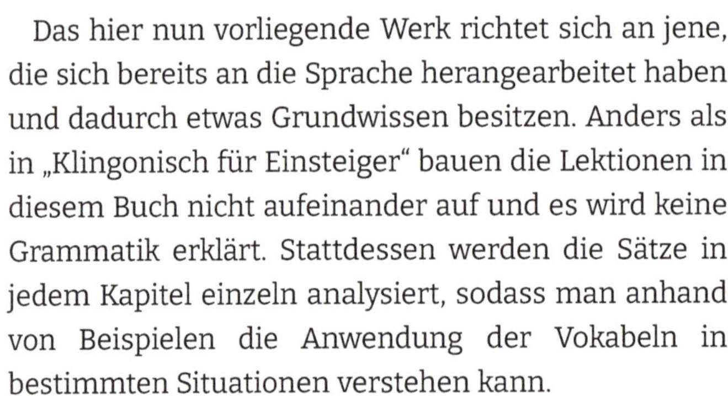

Das hier nun vorliegende Werk richtet sich an jene, die sich bereits an die Sprache herangearbeitet haben und dadurch etwas Grundwissen besitzen. Anders als in „Klingonisch für Einsteiger" bauen die Lektionen in diesem Buch nicht aufeinander auf und es wird keine Grammatik erklärt. Stattdessen werden die Sätze in jedem Kapitel einzeln analysiert, sodass man anhand von Beispielen die Anwendung der Vokabeln in bestimmten Situationen verstehen kann.

Situationsbezogene Vokabeln findet man zusätzlich im Buch „Klingonisch Wort für Wort", das ich noch zur Gruppe der empfehlenswerten Lektüre hinzufügen möchte.

Egal, mit welchem Buch du beginnst, ich wünsche viel Erfolg, oder besser: **Qapla'!**

Lieven L. Litaer

paqmey lunaDlu'bogh

Hier finden sich Infos zu den gerade genannten Werken. Jedes hat seine spezielle Ausrichtung, daher ist keines allein ausreichend. Im idealfall schaut man sich jedes an.

Das Offizielle Wörterbuch

Marc Okrand, 2013
192 Seiten, 139 x 231 mm
Heel Verlag
ISBN 978-3-86852-688-2

Klingonisch für Einsteiger

Lieven L. Litaer, 2017
64 Seiten, 145 x 210 mm
Heel Verlag
ISBN 978-3-95843-553-7

Klingonisch Wort für Wort

Lieven L. Litaer, 2019
144 Seiten, 105 x 145 mm
Reise Know-How Verlag
ISBN 978-3-8317-6555-3

Arbeitsbuch Klingonisch

Lieven L. Litaer, 2022
64 Seiten, 210 x 270 mm
Heel Verlag
ISBN 978-3-96664-352-8

1 Lektion 1: Check-in

Seit ihrer Kindheit war Maya ein großer Science-Fiction-Fan. Dabei hatte sie schnell den Weg zu *Star Trek* (**Hov leng**) gefunden, das sie mehr als alles andere liebte.

Es war auch immer ihr Traum, einmal in einem Raumschiff (**Duj**) durch den Weltraum zu fliegen und auf anderen Planeten fremden Kulturen zu entdecken und Außerirdische kennenzulernen.

Mit der Zeit wurde ihr aber klar, dass sie sich wohl erst mal mit Erdlingen würde begnügen müssen. Doch bald entdeckte sie, dass es viele Gleichgesinnte gab, die sich einfach als Außerirdische verkleideten und diese Entdeckungsreisen nachspielten.

Das Kostümieren alleine reichte ihr jedoch nicht, denn sie wollte tiefer in die Materie eindringen. Eines der wichtigsten Elemente in Science-Fiction-Filmen war für sie immer schon die Sprache gewesen, durch die die Aliens erst richtig fremdartig und interessant wirkten.

Aus diesem Grunde entschied sie sich, die Sprache der Klingonen zu erlernen: **tlhIngan Hol**

Mit Hilfe des Lehrbuchs *Klingonisch für Einsteiger* eignete sie sich schnell die Grundlagen an. Danach machte sie sich auf den Weg zu einer Star-Trek-Convention, von der sie wusste, dass es dort einen Klingonischsprachkurs geben würde. Ein wenig mulmig war ihr dabei schon, da sie nicht wusste, ob ihre Kenntnisse ausreichen würden.

WORTSCHATZ

nuqneH Was willst du? (Gruß)
tlhIngan Hol Klingonisch
vIghoj ich lerne es
vIneH ich will es
vIpoQ ich brauche es
yIngu' identifiziere es!
nuq 'oH was ist es?
ponglIj dein Name
pongwIj mein Name
loSmaH vierzig
pa' Zimmer
mI' Nummer

DIALOG

yIqIm! — Pass auf!

nuqneH? — *Was willst du?*

tlhIngan Hol vIghoj vIneH. — Ich will Klingonisch lernen.
pa' vIpoQ. — Ich brauche ein Zimmer.

yIngu''egh. — *Identifiziere dich.*
nuq 'oH ponglIj'e'? — *Wie ist dein Name?*

maya 'oH pongwIj'e'. — Mein Name ist Maya.

maj. — *Gut.*
loSmaH 'oH pa'lIj mI''e'. — *Deine Zimmernummer ist die 40.*

NÜTZLICHE WÖRTER

nej *v.* suchen
Sop *v.* essen
tep *n.* Gepäck
leng *n.* Reise
Qoy *v.* hören, zuhören
jatlh *v.* sagen, sprechen
yaj *n.* verstehen
woH *n.* nehmen, tragen

yI-qIm!

Die Vorsilbe **yI-** weist immer auf einen Befehl hin. Das Verb kann ein Objekt haben oder auch nicht. Somit kann man das Obige zugleich mit „pass auf" oder mit „pass auf ihn auf" übersetzen.

nuqneH?

Ein typisch klingonischer Spruch: Was willst du? Es ist die Kurzform von **nuq Da-neH**, mit der Vorsilbe **Da-** für *du-es*. Man beachte die Satzstellung: Das Objekt des Verbes (hier die Frage **nuq**) kommt immer vor dem Verb.

tlhIngan Hol vI-ghoj vI-neH.

Eine der häufigsten Vorsilben ist **vI-** *ich-ihn/sie/es*, die hier zweimal vorkommt: **vI-ghoj** *ich lerne es* und **vI-neH** *ich will es*. Das Objekt – also das, was man lernen will – kommt auch hier vor das Verb:

tlhIngan Hol ← vIghoj.
Klingonisch ← ich lerne es.

[tlhIngan Hol vI-ghoj] ← vI-neH.
Ich lerne Klingonisch ← ich will es.

pa' vI-poQ.

Das Objekt, also das, was ich brauche, **pa'**, kommt vor dem Verb **poQ**. Die Vorsilbe ist wieder **vI-**: *Ich brauche es.*

yI-ngu'-'egh.

Durch die Vorsilbe erkennt man wieder die Befehlsform. Die Besonderheit hier ist die Endung **-'egh** mit der Bedeutung *sich selbst*. Man wird aufgefordert, sich selbst zu identifizieren. Was sich auf Deutsch etwas seltsam anhört, ist eine typisch klingonische Redewendung.

nuq 'oH pong-lIj-'e'?
maya 'oH pong-wIj-'e'.

Sätze mit dem Verb *sein*, d. h. mit der Bedeutung *A ist B*, sind im Klingonischen ein Kapitel für sich, da es kein Verb *sein* gibt. Stattdessen verwendet man Pronomen.

Die Grundstruktur ist:

B [Pronomen] A-'e'.

Hierbei muss immer das Pronomen verwendet werden, das zur Person oder Sache passt. Bei Gegenständen ist es immer **'oH** *es ist*, bei Personen **ghaH** *er/sie ist*, usw.

Die Nachsilbe -**'e'** hat an sich keine übersetzbare Bedeutung. Sie dient zur Markierung des Nomens, über das man gerade spricht. Eine sehr wörtliche Übersetzung des obigen Satzes ist *Was meinen Namen betrifft, er ist Maja.*

maj.

Dieses Wort ist eines der wenigen Wörter im Klingonischen, das alleinstehend eine Aussage treffen kann und nicht mit anderen Wörtern kombiniert werden kann. Diese Ausdrücke werden als eigenständige Wortart behandelt: Ausrufe.

loS-maH 'oH pa'-lIj mI'-'e'.

Wenn ein Nomen einem anderen folgt, wird es meist als *Nomen 2 des Nomen 1* übersetzt. Hier heißt es *Nummer* (**mI'**) *des Zimmers* (**pa'**). Im Deutschen wird das beim Übersetzen häufig zu „Zimmernummer" zusammen gezogen.

yIqIm. yIbuS!

Die Darstellung mit Bindestrichen (wie in **vI-ghoj**) dient lediglich der besseren Lesbarkeit in Übungen und Lehrbüchern.

Bindestriche werden <u>niemals</u> im normalen Gebrauch verwendet!

AUSSPRACHE

yI-qIm! – [jɪ.ˈqʰɪm]

Hier gibt es zwei wichtige Punkte zu beachten: Der Buchstabe **I** wird wie das deutsche e in „See“ gesprochen. Die erste Silbe klingt also wie „je“.

Als Zweites muss man sich merken, dass das **q** grob wie ein k klingt, aber niemals wie in „Qualle“. Die zweite Silbe klingt also wie der Name „Kim“.

nuqneH? – [nuqʰ.ˈnɛx]

Auch hier klingt das **q** wie ein k. Die erste Silbe klingt also wie *nuck*. In der zweiten Silbe klingt das **e** wie ein ä. Der letzte Laut ist recht ungewöhnlich und muss immer sehr rau klingen, ein wenig wie die spanischen Namen „Guadalajara“ oder „Villabajo“ aus der alten Spülmittelwerbung.

tlhIngan Hol vI-ghoj vI-neH.

[ˈt͡ɬɪ.ŋɑn xol vɪ.ˈɣod͡ʒ vɪ.ˈnɛx]

Das Wort **tlhIngan** beginnt mit dem berühmten klingonischen Laut **tlh**, der schwer zu erklären ist. Im Grunde könnte man es wie das englische Wort „Klingon“ ausprechen, aber mit einem t statt k am Anfang.

pa' vI-poQ. – [pʰɑʔ vɪ.ˈpʰoq͡χ]

Das Wort **pa'** endet mit einem harten Stopp. Das ist es, was der Apostroph bedeutet. Man sagt also nicht „pah“, sondert kurz und abgehackt **pa'**.

Bei der Vorsilbe **vI-** muss man wieder darauf achten, dass das **I** wie ein e klingt. **vI-** darf also nicht auf „wie“ reimen, sondern eher auf „Weh“.

Das Verb **poQ** endet auf einen sehr harten, kratzenden Laut, den man mit kr umschreiben könnte. Es ist eine Mischung aus **q** und **H** und klingt ein wenig wie der Anfang von „kratzen“ oder „Kreuz“. Diese Regel gilt jedoch nicht in süddeutschen Regionen, wo k und r getrennt gesprochen werden.

yI-ngu'-'egh. – [jɪ.ˈŋuʔ.ʔɛɣ]

Der klingonische Laut **ng** darf niemals wie ein getrenntes n und g gesprochen werden, also nicht wie in „Tango“ oder „Meningitis“. Auch am Anfang einer Silbe klingt er wie in „Ding“ oder „Inge“. **yIngu'** reimt also auf „Ingu“.

Die Endsilbe klingt wie ein **H**, aber sanfter, fast wie ein gerolltes r.

nuq 'oH pong-lIj-'e'?

[nuqʰ ʔox ˈpʰoŋ.lɪd͡ʒ.ˈʔɛʔ]

Die erste Silbe ist bekannt aus dem Ausdruck **nuqneH** und wird genauso gesprochen: „nuck", wie in „Ruck".

'oH endet mit demselben rauen Laut wie **nuqneH** und klingt in etwa wie das deutsche „Och". Das Wort **pong** kann man ganz intuitiv wie in „Ping Pong" aussprechen.

Den Laut **j** gibt es im Deutschen nicht, aber er ist aus dem Englischen bekannt. Man denke dabei an Namen wie „John" oder der Abkürzung „DJ".

maya 'oH pong-wIj-'e'.

[ˈma.ja ʔox pʰoŋ.wɪd͡ʒ.ʔɛʔ]

In dieser Version endet der Satz mit der Silbe **-wIj**. Bei deren Aussprache denkt man erst an das Wort „Weh" und lässt es mit dem oben beschriebenen **j** enden.

Der letzte Laut beider Sätze ist die Silbe **-'e'**. Diese klingt wie ein kurzes ä, das abrupt endet. Man sagt also nicht „äh", sondern kurz und knapp ä.

maj. – [mad͡ʒ]

Auch dieses Wort endet mit dem zuvor beschriebenen **j**. Falls die Erklärung nicht ausreicht, denke man einfach an den Vornamen von „Marge Simpson".

loS-maH 'oH pa'-lIj mI'-'e'.

[ˈloʂ.max ʔox pʰaʔ.lɪd͡ʒ ˈmɪʔ.ʔɛʔ]

Die Aussprache der meisten Buchstaben in diesem Satz sollten inzwischen bekannt sein. Der einzige neue Buchstabe ist das **S**. Es wird groß geschrieben, um daran zu erinnern, dass es nicht wie das bekannte s klingt! Stattdessen ist dieser Laut näher am deutschen sch dran. Das Wort **loS** reimt sich also mit der bekannten Marke „Bosch", jedoch darf das klingonische **o** nicht offen gesprochen werden, sondern als geschlossenes o, das heißt eher wie in „Dose", „Los" oder „groß", aber nicht wie in „Komplott".

Lektion 2: Kennenlernen

In der Hotellobby angekommen, machte sich Maya gleich auf die Suche nach jemandem, der auch Klingonisch sprechen konnte. Sie entdeckte schnell einen Tisch mit ein ein paar jungen Leuten, die irgendwie nerdig genug aussahen, um Klingonisch zu sprechen. Vorsichtig näherte sie sich der Gruppe. Sie versuchte erst zu lauschen, über was die Leute sprachen. Es war eine Mischung aus Deutsch und Englisch, aber hier und da fiel auch mal ein klingonischer Begriff.

Sie nahm ihren ganzen Mut zusammen und ging auf die Gruppe zu. Generell hatte sie keine Probleme mit der Kontaktaufnahme, aber obwohl sie nun einige Jahre Klingonisch gelernt hatte, traute sie sich nicht, die Sprache anzuwenden. Was wäre, wenn sie einen Fehler machte? Sie konnte ja auch nicht wissen, wie gut die anderen waren.

Sie fasste sich ein Herz und begrüßte die Gruppe mutig auf Klingonisch. **nuqneH!** rief sie laut in den Raum.

Alle in der Gruppe sahen überrascht auf. Eine der jungen Frauen antwortete laut mit einem grölenden **Qapla',** woraufhin ein anderer gleich erklärte, dass man **nuqneH** nicht als Begrüßung verwenden solle. Immerhin sei dies eine Frage, und damit könne man ja kein Gespräch beginnen.

Maya freute sich darüber, dass sie den richtigen Tisch gefunden hatte, und der erste außerirdische Sprachkontakt beginnen konnte.

WORTSCHATZ

Dajatlh'a' sprichst du es?
loQ ein wenig
vIghoj ich lerne es
vaj also, dann
HIja' ja
jIyaj ich verstehe
lenglIj deine Reise
DatIv du genießt es
veng Stadt
DaDabbogh welche du bewohnst
yIngu' identifiziere es/ihn/sie
bIghung du bist hungrig

DIALOG

tlhIngan Hol Dajatlh'a'?	*Sprichst du Klingonisch?*
loQ vIjatlh. **tlhIngan Hol vIghoj.**	Ich spreche es ein wenig. Ich lerne Klingonisch.
vaj choyaj'a'?	*Also verstehst du mich?*
HIja'. jIyaj.	Ja. Ich verstehe.
lenglIj DatIv'a'?	*Hattest du eine gute Reise?*
tIqbej leng 'ach vItIv.	Die Reise war lang, aber gut.
veng DaDabbogh yIngu'.	*Woher kommst du?*
Hamburgh vIDab.	Ich wohne in Hamburg.
bIghung'a'?	*Bist du hungrig?*
HIja'. jIghung.	Ja, ich bin hungrig.
vaj Qe'Daq qaDor.	*Dann begleite ich dich zum Restaurant.*

NÜTZLICHE WÖRTER

lupwI' mIr *n.* Zug
puH Duj *n.* Auto
muD Duj n. Flugzeug
Sep *n.* Land
'oj *v.* durstig sein
tlhutlh *v.* trinken
Sop *n.* essen
nuqDaq *q.* wo?

tlhIngan Hol Da-jatlh-'a'?

So wie immer kommt das Objekt zuerst: *Klingonisch.* Das Verb **jatlh** *sprechen* enthält die Vorsilbe **Da-** *du-es,* gefolgt vom Fragesuffix **-'a'**, das für Entscheidungsfragen verwendet wird.

loQ vI-jatlh.

loQ ist ein Adverb. Diese stehen fast immer am Anfang des Satzes. Die Vorsible **vI-** steht für *ich-es* und bezieht sich in diesem Fall auf das Objekt des vorherigen Satzes, in diesem Fall **tlhIngan Hol** *Klingonisch.*

tlhIngan Hol vI-ghoj.

Vom Satzbau her ist dieser fast identisch mit den beiden vorherigen Sätzen: **tlhIngan Hol** ist das Objekt des Verbs **ghoj**, die Vorsilbe **vI-** zeigt an, dass *ich → es* lerne.

vaj cho-yaj-'a'?

Das erste Wort dieses Satzes ist ein Adverb mit der Bedeutung *dann, also.* Es hat die Funktion, etwas vorher Gesagtes wieder aufzugreifen. Die Vorsilbe **cho-** zeigt wieder Subjekt und Objekt an: *du → mich.*

Durch das Fragesuffix **-'a'** kann man diese Frage nur mit „ja" oder „nein" beantworten.

HIja'. jI-yaj.

Das Wort **HIja'** kann nicht analysiert werden, es bedeutet einfach nur *ja* als Antwort auf eine Entscheidungsfrage.

Das zweite Wort beginnt mit einer Vorsilbe, die kein Objekt enthält. Es ist also nur *ich verstehe*, ohne Aussage darüber, was verstanden wird.

leng-lIj Da-tIv-'a'?

Die Nachsilbe **-lIj** folgt dem Nomen und zeigt den Besitz. Hier ist das Wort Objekt des Verbs **tIv** *genießen.* Die Vorsilbe **Da-** zeigt an, dass *du → es* genießt. Das **-'a'** zeigt wieder die Fragean.

tIq-bej leng 'ach vI-tIv.

Mit Nachsilben kann man anzeigen, wie der Sprecher zu dem Verb steht. In diesem Fall bedeutet die Nachsilbe **-bej**, dass der Sprecher über das, was er sagt, sicher ist. Das **'ach** ist hier wie das deutsche *aber* eine Konjunktion, die den Nebensatz einleitet.

veng Da-Dab-bogh yIngu'.

Es ist die Art der Klingonen, dass sie nicht fragen oder bitten, sondern eher fordern. So ist die Frage nach dem Wohnort eine klare Aufforderung: *Sag mir, wo du wohnst!*

Das Verb **Dab** ist aus deutscher Sicht etwas ungewöhnlich, da es den Wohnort als Objekt hat. Man lebt also nicht in einer Stadt, sondern man *bewohnt* sie:

Hamburgh vI-Dab.
Ich wohne in Hamburg.
(Hamburg ich bewohne es)

bI-ghung-'a'?

In diesem Fall hat das Verb **ghung** wieder kein Objekt. Um zu sagen, dass man Hunger hat, wird nicht, wie im Deutschen, ein Hilfsverb in Kombination mit einem Nomen oder Adjektiv verwendet: *Hunger haben* bzw. *hungrig sein*, sondern ein Verb. Es hat kein Objekt.

HIja'. jI-ghung.

Eine deutliche Antwort auf die Frage ist ein klares *ja*. Daraufhin kann man, wie im Deutschen, die Frage als Aussage wiederholen.

vaj Qe'-Daq qa-Dor.

Das Adverb **vaj** wurde vorab schon erklärt. Auch hier ist es ein Anschluss an die vorige Aussage: *Tja, wenn das so ist, dann ...*

Das Verb **Dor** bedeutet *begleiten*, das Objekt des Verbs ist die Person, die begleitet wird. Das deutsche Wort *zum* in der Übersetzung wird hier durch die Nachsilbe **-Daq** verdeutlicht, die an das Ziel angehängt wird. Diese Lokativ-Nachsilbe kann verschieden übersetzt werden, sowohl als Orts-, als auch als Richtungsangabe: *in, auf, an, bei, zum, hin.*

tlhIngan Hol Da-jatlh-'a'?

['t͡ɬɪ.ŋɑn xol ɖɑ.'d͡ʒɑt͡ɬ.'ʔɑʔ]

Es ist etwas ungewöhnlich, ein Wort mit t und l zu beginnen. Die meisten sprechen hier einfach wie das englische „Klingon", das ist schon nah dran. Wichtig ist nur, dass man **ng** nicht getrennt spricht.

loQ vI-jatlh.

[loq͡χ vɪ.'d͡ʒɑt͡ɬ]

Das erste Wort endet mit einem sehr harten, kratzenden Laut, klingt dabei ein wenig wie „locker", aber ohne das e darin. Das ist quasi „lockr", aber viel kräftiger kratzend.

tlhIngan Hol vI-ghoj.

['t͡ɬɪ.ŋɑn xol vɪ.'ɣod͡ʒ]

Der erste Teil wurde oben beschrieben. Die Schwierigkeit hier ist das **gh** des zweiten Wortes. Es ist wie ein Gurren hinten im Hals, ein wenig wie das französische, gerollte r.

Der Endlaut ist wie das j in „DJ", also keinesfalls wie ein normales j zu sprechen, sondern eher wie dsch.

vaj cho-yaj-'a'?

[vɑd͡ʒ t͡ʃo.'jɑd͡ʒ.ʔɑʔ]

Das **v** darf auf keinen Fall wie das deutsche v in „Vogel" oder „Vater" klingen! Das klingonische **v** ist immer stimmhaft und sanft, so wie im englischen „living".

Das Wort **choyaj** begint mit dem **ch**-Laut, den man aus dem Wort „Ketchup" oder „Ciao" kennt. Niemals wird es wie ein deutsches ch gesprochen.

HIja'. jI-yaj.

[xɪ.'d͡ʒɑʔ d͡ʒɪ.'jɑd͡ʒ]

Am Wort **yaj** kann man schön den Unterschied zwischen den Lauten **y** und **j** zeigen: Das **y** wird wie ein deutsches j gesprochen, das **j** wie das englische j in „Jane" oder im deutschen Wort „Dschungel".

Das zweite Wort ist also grob „dsche-jadsch".

leng-lIj Da-tIv-'a'?

['lɛŋ.lɪd͡ʒ ɖɑ.'tʰɪv.'ʔɑʔ]

In diesem Satz gibt es zwei wichtige Punkte: Das **j** am Ende des ersten Wortes soll wie ein dsch klingen. Zweitens: Das **I** soll wie ein e klingen. Das Wort **DatIv** darf also keineswegs wie das deutsche Wort „Dativ" klingen, sondern eher wie „da-teev".

tIq-bej leng 'ach vI-tIv.

[ˈtʰɪqʰ.bɛd͡ʒ lɛŋ ʔat͡ʃ vɪ.ˈtʰɪv]

Dieser Satz geht fast nach Gefühl richtig, wenn man die bisherigen Hinweise beachtet.

veng Da-Dab-bogh yI-ngu'.

[vɛŋ ɖa.ˈɖab.boɣ jɪ.ˈŋuʔ]

Das Schwierigste an diesem Satz ist das Wort **ngu'**, welches mit einem **ng** beginnt. Man darf es niemals getrennt sprechen. Man sagt also sicher nicht „Ying-Gu". Um diesen Laut zu üben, denke man an den Namen Inge und setze nur ein j davor und ein u dahinter.

Hamburgh vI-Dab

[ˈxam.burɣ vɪ.ˈɖab]

Auch wenn man Hamburg kennt, sollte die Aussprache auf Klingonisch erfolgen. Daher beginnt der Name mit dem rauhen **H**-Laut und endet mit einen grob gegurgelten **r+gh**.

bI-ghung-'a'?

[bɪ.ɣuŋ.ˈʔaʔ]

Die Laute **gh** und **ng** wurden schon erklärt, jedoch wird hier nochmals and das klingonische **I** erinnert, welches kein normales deutsches i ist, sondern mehr einem e ähnelt.

Die Vorsilbe **bI-** sollte man also eher wie beh aussprechen anstatt wie bi.

HIja'. jI-ghung.

[xɪ.ˈd͡ʒaʔ d͡ʒɪ.ˈɣuŋ]

Die Antwort *ja* besteht aus zwei Silben: **HI** und **ja'**. Die erste beginnt mit dem rauen **H** wie in „Ach was", gefolgt vom **I**, das wie ein e klingt. Die zweite Silbe beginnt mit dem j in John. Insgesamt klingt es also grob wie „chee-dscha".

vaj Qe'-Daq qa-Dor.

[vad͡ʒ ˈq͡χɛʔ.ɖaqʰ qʰa.ˈɖor]

Diesen Satz kann man fast so aussprechen, wie er da steht. Das **q** sollte etwas mehr hinten im Hals klingen, es ist aber nicht schlimm, wenn man es wie ein deutsches k ausspricht.

Wichtiger ist der Unterschied zum **Q**, das sich wie ein rau kratzendes kr anhören sollte.

3 Lektion 3: Maskieren

Der erste Abend war für Maya schon ein erfolgreiches Erlebnis, da sie gleich auf eine Gruppe Klingonisch-Fans gestoßen war, die sie offen empfangen hatten.

Maya freute sich schon darauf, sich zu kostümieren, damit sie ihre klingonische Figur komplett ausleben konnte. Einen klingonischen Namen (**tlhIngan pong**) hatte sie sich nicht zugelegt. Zum einen fand sie, dass man „Maya" auch gut auf Klingonisch aussprechen könne, zum anderen hatte sie nie die Absicht, sich als Klingonin anders zu benehmen. Sie war dann einfach nur „Maya mit Maske". Es war ihr immer wichtig zu betonen: „Ich spiele eine Klingonin, aber ich bin keine Klingonin."

tlhIngan vIghet, 'ach tlhIngan jIHbe'.

Sie begab sich in das Badezimmer ihres Hotelzimmers und begann mit der „Klingonifizierung".

Das wichtigste Element der Klingonen-Verkleidung (**jech**) ist natürlich die **Quch**: Das klingonische Wort für *Stirn* wird hier für die Maske verwendet. Sie wird normalerweise aus Latex hergestellt. Manche binden sie mit einem Band fest, aber gut sieht es nur aus, wenn man sie direkt auf die Stirn klebt. Schließlich gibt es noch etwas, woran man einen Klingonen sofort erkennt, die typische Uniform, **HIp**.

Während sich Maya mühselig in das umständliche Kostüm hineinzwängte (**qoch**), wiederholte sie in Gedanken alle ihrer Meinung nach wichtigen Wörter.

WORTSCHATZ

QuchwIj meine Stirn
ngammoH lernen
HIp Uniform
chaq vielleicht
vIDel ich beschreibe ihn/sie/es
ghelDI' sobald er/sie fragt
DaQIS'a' hast du sie genäht?
SoH du
jIjang ich antworte
jItav neH ich bastle
baS Metall
tIbuS beachte sie

DIALOG

toH. QuchwIj vIngammoHta'.	So, ich habe mir meine Stirn angeklebt.
DaH HIpwIj vItuQnISmoH.	Jetzt muss ich meine Uniform anziehen.
'oH vIDel chaq 'e' poQ vay'.	Vielleicht verlangt jemand, dass ich sie beschreibe.
ghelDI' vay': **HIplIj DaQIS'a' SoH'e'?**	Sobald jemand fragt: Hast du deine Uniform selbst genäht?
jIjang: HIja', vIQISta' jIH.	Ich antworte: Ja, ich habe sie genäht.
'ach QISwI' po' jIHbe'.	Aber ich bin keine gute Näherin.
rut jItav neH.	Oft bastle ich nur.
baS 'ay'meyvam tIbuS.	Achte auf diese Stahlteile.
baSna' 'oHbe'. **baS rur neH.**	Es ist kein echtes Metall. Es ähnelt nur Metall.

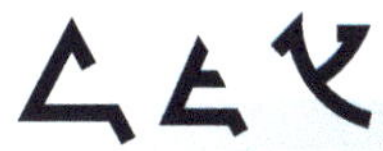

NÜTZLICHE WÖRTER

DaS *n.* Stiefel
yIvbeH *n.* Hemd
tlhay *n.* Ärmel
yopwaH *n.* Hose
jIb *n.* Haar
DuQwI' *n.* Stachel, Dorn
ghIgh *n.* Halskette
Qeb *n.* Ring

toH.

Diese Silbe wird schlichtweg übersetzt mit *Aha! So.* und kann vielseitig eingesetzt werden.

Quch-wIj vI-ngam-moH-ta'.

Der Satzbau ist auch hier Objekt-Verb-Subjekt. In diesem Fall ist **QuchwIj** *meine Stirn* das Objekt zu **ngammoH** *ankleben*. Dieses ist zusammengesetzt aus dem Grundverb **ngam** *kleben* und dem Suffix **-moH** *verursachen*. Wörtlich übersetzt heißt das *ich verursache, dass meine Stirn (an etwas) klebt.*

DaH HIp-wIj vI-tuQ-nIS-moH.

Hier haben wir eine ähnliche Situation wie im vorherigen Satz, mit dem Unterschied, dass die Silbe **-nIS** *müssen* hinzukommt. Aufgrund der vorgegebenen Reihenfolge der Suffixklassen muss diese Silbe vor der Silbe **-moH** stehen und reißt somit das Wort **tuQmoH** *anziehen* auseinander. Das fühlt sich anfangs seltsam an, aber man gewöhnt sich daran.

'oH vI-Del chaq 'e' poQ vay'.

An dieser Stelle haben wir einen mal etwas ungewöhnlichen zweiteiligen Satz. Die erste Hälfte besteht aus **'oH vIDel** *ich beschreibe es* und ist unspektakulär. Da sich die zweite Hälfte durch das Pronomen **'e'** auf die erste Hälfte bezieht, muss das Adverb **chaq** *vielleicht* vor genau dieses Pronomen gestellt werden. Würde es am Anfang des gesamten Satzes stehen, dann würde es sich auch auf den gesamten Satz beziehen. So bezieht es sich nur auf den letzten Teil **'e' poQ vay'** *jemand verlangt das.*

ghel-DI' vay':

Die Nachsilbe **-DI'** bedeutet *wenn, falls, sobald.* Ein solcher Nebensatz kann vor und auch nach dem Hauptsatz stehen. **vay'** ist im Klingonischen ein Nomen mit der Bedeutung *jemand, etwas.* Es ist vielseitig einsetzbar und steht hier als Subjekt wie immer hinter dem Verb.

HIp-lIj Da-QIS-'a' SoH-'e'?

Die Reihenfolge ist hier ganz klassisch Objekt (**HIplIj** *deine Uniform*), Verb **DaQIS'a'** (*nähst du sie*) und Subjekt (**SoH** *du*). Durch die Verwendung des Fragesuffix **-'a'** kann man hier nur mit *Ja* oder *Nein* antworten. Das Suffix **-'e'** ist grammatikalisch nicht erforderlich, sondern betont das Pronomen: *Hast DU das genäht?*

jI-jang: HIja', vI-QIS-ta' jIH.

Die Nachsilbe **-ta'** darf man nicht als Zeitangabe verstehen. Sie zeigt an, dass eine Handlung abgeschlossen ist. In diesem Fall betont Maya, dass sie es war, die ihre Uniform genäht und diese Arbeit selbst abgeschlossen hat. Um dies zu betonen, ergänzt sie noch das Pronomen **jIH** *ich,* das grammatikalisch nicht erforderlich ist.

'ach QIS-wI' po' jIH-be'.

Das Wort **QISwI'** für *Näher/in* ist kein offiziell deklariertes Wort, sondern leitet sich ab aus dem Verb **QIS** *nähen* und dem Suffix **-wI'**. Im Grunde kann dieses Suffix an jedes Verb angehängt werden und erzeugt ein Nomen mit der Bedeutung *jemand, der x macht* bzw. *ein [Verb]-er.*

rut jI-tav neH.

So wie jede Zeitangabe kommt das Adverb **rut** *oft* an den Anfang des Satzes. Der darauf folgende Ausdruck ist eine Redewendung und bedeutet wörtlich *Ich zittere nur.* Falls der Kontext klar ist, kann man das Adverb **neH** *nur* auch weglassen.

baS 'ay'-mey-vam tI-buS.

Es fällt auf, dass „Metallteile" im Klingonischen nicht zusammen geschrieben wird. Stattdessen ist es eine sogenannte attributive Genitivkonstruktion, in der das erste Wort eine Eigenschaft des zweiten beschreibt: „Teile, die aus Metall sind".

Wichtig ist die Reihenfolge der Nachsilben: **-mey** (Plural für Gegenstände) ist Klasse 2 und wird vom Klasse-4-Suffix **-vam** *dieses* gefolgt.

baS-na' 'oH-be'.

Nachsilben der Klasse 3 zeigen auf, was der Sprecher über das Nomen weiß oder denkt. In diesem Fall bedeutet **-na'**, dass es eindeutig und zweifelsfrei Metall ist. Ein Pronomen wie **'oH** *es, es ist* kann alle Arten Verbsuffixe tragen. Hier ist es die Verneinung -**be'**, wodurch der Satz *es ist nicht* übersetzt wird.

baS rur neH.

neH *nur, bloß, lediglich* ist eines der wenigen Adverben, dessen Standort variabel ist. Es folgt immer dem Verb oder Nomen, auf das es sich bezieht. In diesem Fall geht es darum, dass das Subjekt „<u>nur</u> Metall ähnelt".

toH! – [tʰox]

Diese Wort ähnelt stark dem deutschen Ausruf „Doch!“, wobei der erste Buchstabe ein kräftiges t ist.

Quch-wIj vI-ngam-moH-ta'.

[ˈq͡χutʃ͡.wɪd͡ʒ.vɪ.ˈŋɑm.mox.ˈtʰɑʔ]

Die größte Hürde in diesem Satz ist der Laut **ng** im Verb **ngam** *kleben*.

Der beste Ansatz ist es, wenn man die Vorsilbe mit dem Verb verschmelzen lässt und wie in „Finger“ ausspricht. Es darf niemals getrennt gesprochen werden. Man sagt ja auch nie getrennt „Fing-ger“.

Wichtig ist der Unterschied zwischen **j** und **ch**, weil sich dadurch die ganze Bedeutung des Wortes ändern kann. Merke: **j** wie „John“, **ch** wie „Ciao“.

DaH HIp-wIj vI-tuQ-nIS-moH.

[ɖɑx ˈxɪpʰ.wɪd͡ʒ
vɪ.ˈtʰuq͡χ.nɪʂ.mox]

Wenn man es richtig macht, sollte zwischen dem ersten und zweiten Wort eine kurze Unterbrechung zu hören sein, aber auch die besten Sprecher missachten diese Regel und sprechen es als **DaHIpwIj** aus. Beachte, dass **j** ein wichtiger Buchstabe ist und nicht mit dem **I** verschmelzen darf. **Q** wird wie ein starkes kr gesprochen.

'oH vI-Del chaq 'e' poQ vay'.

[ʔox vɪ.ˈɖɛl t͡ʃɑqʰ
ʔɛʔ pʰoq͡χ vɑi̯ʔ]

Das Pronomen **'oH** klingt wie in „Och, wie schön!“ Das zweite Wort erinnert zwar an „fidel“, klingt aber anders: Das **I** ist ein e und das **e** klingt wie ein ä. Zudem muss das **v** wie ein englisches v klingen, also stimmhaft und nicht wie ein f.

chaq reimt auf den Namen Chuck. Das Wort **'e'** ist nur ein kurzes ä, aber kein langgezogenes äh.

ghel-DI' vay' – [ɣɛl.ˈɖɪʔ vɑi̯ʔ]

Das **gh** am Anfang dieses Satzes ist ein sehr feuchtes, gegurgeltes r im hinteren Bereich des Rachens. Es klingt ein wenig so wie man in nördlichen Teilen von Deutschland „Religion“ oder „Region“ anspricht. Die beiden letzten Silben müssen sehr abrupt enden. Das Wort **vay'** reimt sich mit dem englischen „why“.

jI-jang: HIja', vI-QIS-ta' jIH.

[d͡ʒɪ.ˈd͡ʒɑŋ xɪ.ˈd͡ʒɑʔ
vɪ.q͡χɪʂ.ˈtʰɑʔ d͡ʒɪx]

Das **j** ist immer wie das j in *Job*, niemals wie ein deutsches j oder ein englisches y. Die Silbe **-ta'** muss kurz enden, wie im Ausruf „Zack!“, das a wird nicht langgezogen.

'ach QIS-wI' po' jIH-be'.

[ʔat͡ʃ q͡χɪʂ.wɪʔ pʰoʔ d͡ʒɪx.bɛʔ]

Für das zweite Wort denke man an den Namen „Harc Krishna". Hierbei wird **Q** als einzelner Laut gesprochen, wie k und r gleichzeitig, nicht hintereinander. Das **I** wird mehr wie ein e gesprochen. Die Silbe **-wI'** reimt also nicht auf „wie", sondern auf „weh". Jede Silbe, die mit einem Apostroph endet, muss abrupt und kurz enden: **po'** *erfahren sein* und **po** *Morgen* sind zwei verschiedene Wörter.

rut jI-tav neH.

[rutʰ d͡ʒɪ.tʰav nɛx]

Fast alles hier wird so gesprochen, wie es geschrieben wird. Das **v** muss wie im Englischen stimmhaft sein, das Wort darf nicht wie „taff" klingen.

baS 'ay'-mey-vam tI-buS.

[baʂ ˈʔai̯ʔ.mɛi̯.vam tʰɪ.ˈbuʂ]

Die Betonung in diesem Satz liegt auf den wichtigsten Elementen **'ay'** *Teil* und **buS** *beachten*. Dadurch, dass **'ay'** mit einem Apostroph endet, klingt es sehr kurz. Die Silben **-mey** und **-vam** gehen fast unter, genau wie das **tI-**, das wie „Tee" ausgesprochen wird. Das **S** ist fast identisch mit einem sch.

baS-na' 'oH-be'.

[baʂ.ˈnaʔ ʔox.ˈbɛʔ]

Diesen Satz kann man schön auf Klingonisch herausbellen! Jede einzelne Silbe wird gleich betont. Wichtig ist der harte Stopp am Apostroph. Die Silbe **-na'** darf nicht wie „nah" klingen, sondern wie ein ermahnendes „Na!".

baS rur neH. – [baʂ rur nɛx]

Im Gegensatz zum vorherigen Beispiel können diese Wörter alle recht entspannt gesprochen werden.

Besonderheiten gibt es hier nicht. **baS** reimt sich auf „basch", **rur** ist wie „Ruhr" und in **neH** ist das **e** wie ein ä zu sprechen.

yIqIm. yIbuS!

Vielleicht hast du gemerkt, dass sich hier manches wiederholt. Das ist doch logisch, da sich auch die Wörter wiederholen. Aber es ist auch gut: Wiederholung ist die beste Übung!

Intermezzo 1: Anmalen und Anziehen

loQ yIleS: *Mach eine kurze Pause.* – Jetzt ist basteln angesagt! Fotokopiere diesen beiden Seiten auf etwas dickeres Papier, male die Teile an und schneide sie aus. Nun kannst du die Figuren nach Lust und Laune anziehen. Nebenbei lernst du die Begriffe für die einzelnen Kleidungsstücke.

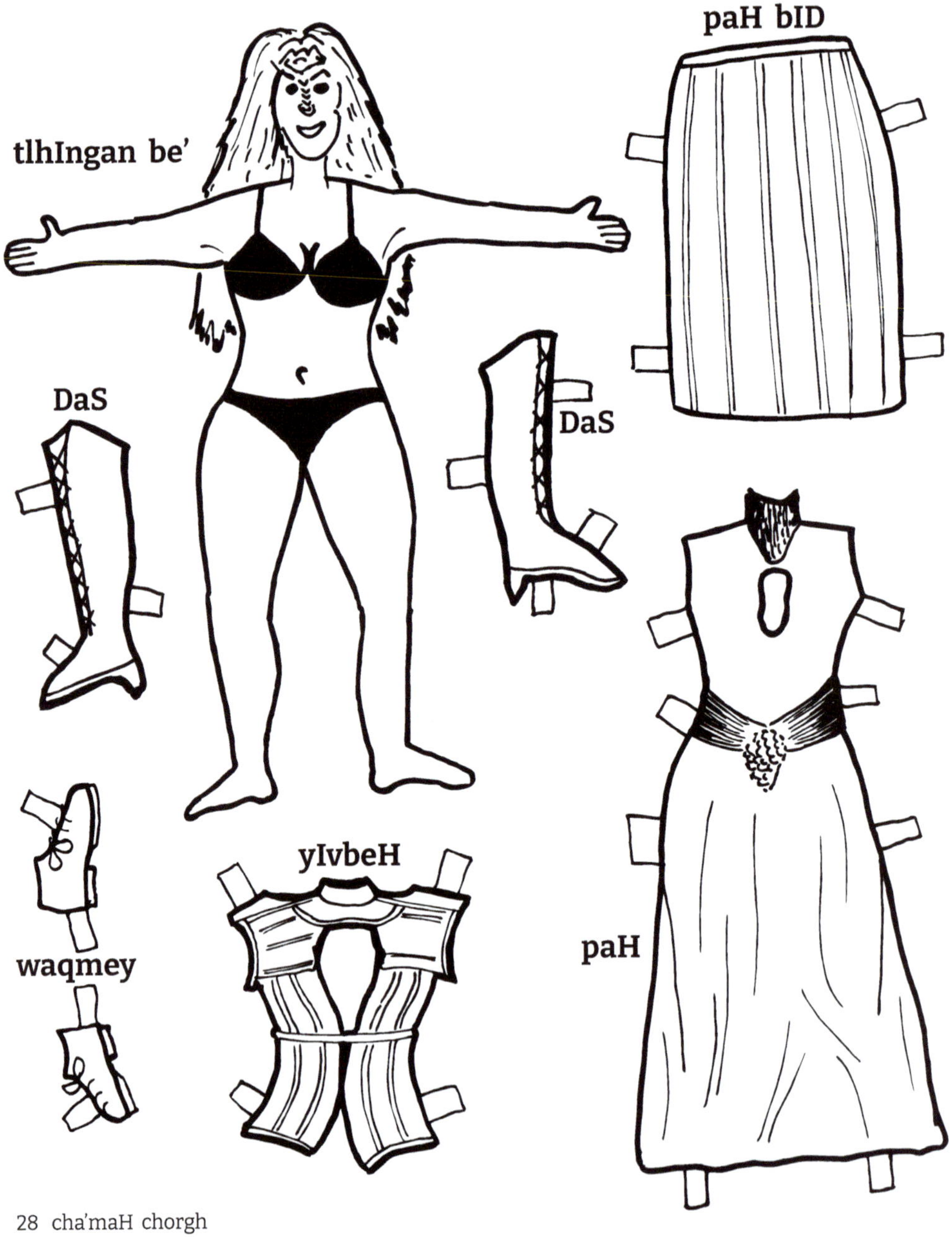

paH bID

tlhIngan be'

DaS

DaS

yIvbeH

waqmey

paH

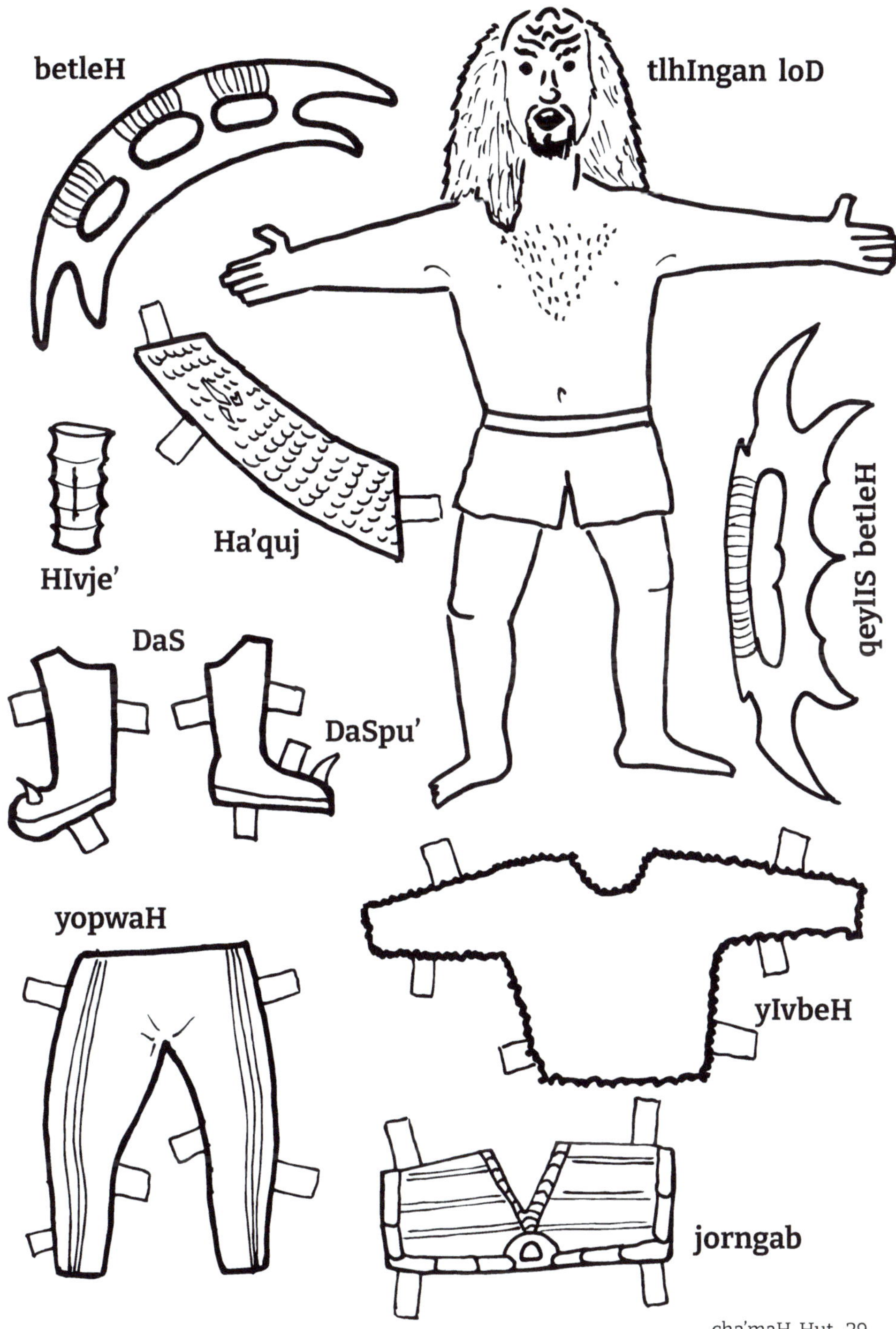
betleH
tlhIngan loD
Ha'quj
HIvje'
qeylIS betleH
DaS
DaSpu'
yopwaH
yIvbeH
jorngab

Lektion 4: Die Convention

Mayas Kostümierung kostete hat sie nicht mehr als eine halbe Stunde. Durch ihre Erfahrung waren viele der Schritte schon Routine, sodass sie nicht darüber nachdenken musste.

Komplett kostümiert und in Maske (**qab jech**) fühlte sie sich doch ein wenig anders, etwas mehr als Klingonin, etwas mehr als Kriegerin.

Voller Stolz, das Emblem (**Degh**) des **tlhIngan wo'**, des klingonischen Emperiums, präsentieren zu können, schritt sie majestätisch durch die Flure des Hotels zum Aufzug (**tut Duj**), der sie in die Lobby bringen sollte.

Dort angekommen fühlte sie sich gleich zuhause: Sie war umgeben von Aliens (**novpu'**) verschiedenster Art, und wenn jemand kein Alien war, dann trug die Person doch zumindest eine Uniform der Sternenflotte, wie man sie aus den Filmen oder Serien sehr gut kannte.

Bei jedem ihrer Schritte klimperten die Metallteile ihrer Uniform und sie genoss es, wie die normalen, nicht konstümierten Besucher der Con ehrfürchtig zur Seite gingen.

In kürzester Zeit traf sie auf die anderen als Klingonen verkleideten Fans und wanderte mit ihnen über die Convention.

Vor einem der viele Stände drängten sich die Menschenmassen, denn dort saß der berühmte Klingonendarsteller Toby Johnson, der Autogramme verteilte. Maya war schon ganz aufgeregt, und überlegte sogar, mit ihm ein paar Worte Klingonisch zu wechseln. **paqwIj DatlhI'qang'a'?**

WORTSCHATZ

naDev hier
ghotpu' Personen, Leute
law' viele/mehrere sein
tlhI' signieren, Autogramm geben
lanSoy Warteschlange
noy er/sie ist berühmt
'e' vIyaj ich verstehe, dass
ghetwI' Darsteller, Schauspieler
yIghel frage ihn/sie
SIv sich fragen
DochHa' er/sie ist höflich, freundlich
jIra' ich gebe den Befehl

DIALOG

qatlh naDev ghotpu' law' tu'lu'?	Warum stehen hier so viele Leute?
pa' tlhI'taH Toby Johnson.	*Toby Johnson gibt dort Autogramme.*
vaj pa' chen lanSoy tIq 'e' vIyaj.	Dann verstehe ich, dass dort eine so lange Schlange entsteht.
noyqu' ghetwI'vetlh.	Der Darsteller ist sehr berühmt.
tlhIngan Hol paqwIj tlhI'qang 'e' vISIv.	Ich frage mich, ob er mein Klingonischbuch signieren will?
paqlIj tlhI' DaneHchugh, vaj yIghel neH.	*Wenn du willst, dass er dein Buch signiert, dann frage einfach.*
DochHa'bej ghaH.	*Er ist wirklich sehr freundlich.*
qay'be'. ghaH vIqIHDI', jIra':	Kein Problem. Wenn ich ihn treffe, befehle ich ihm:
paqwIj yItlhI'!	Signiere mein Buch!

NÜTZLICHE WÖRTER

mIllogh *n.* Foto, Bild
ghItlhwI' *n.* Stift, Schreiber
pong *n.* Name
nob *n.* Geschenk
bomwI' *n.* Sänger
venwI' *n.* Nerd
Ho' *n.* Idol (umgangssprachlich)
Ho' *v.* bewundern

qatlh naDev ghot-pu' law' tu'lu'?

Fragewörter wie **qatlh** *warum?* stehen immer am Anfang des Satzes. Darauf folgt die Ortsangabe **naDev** *hier*, die ebenfalls ganz vorn steht.

Der Ausdruck **tu'lu'** ist zu einem feststehenden Begriff mit der Bedeutung *es gibt* geworden. Wörtlich bedeutet er *jemand entdeckt es* und sollte technisch betrachtet die Vorsilbe **lu-** tragen: **lu-tu'-lu'** *man beobachtet sie.* Sie zu verwenden, wird als übertrieben genau betrachtet, daher wird sie in der Regel weggelassen.

pa' tlhI'-taH Toby Johnson.

Die Ortsangabe **pa'** *dort* steht am Anfang des Satzes. Das Subjekt Toby steht hinter dem Verb, welches das Suffix **-taH** trägt, um eine laufende Handlung anzuzeigen: Toby ist gerade dabei, Sachen zu signieren.

vaj pa' chen lanSoy tIq 'e' vIyaj.

Wenn ein Verb als Adjektiv verwendet wird, dann folgt se dem Nomen, auf das es sich bezieht:

lanSoy tIq *lange Warteschlange*

Das Pronomen **'e'** *das* ist das Objekt des Verbes **vIyaj** *ich verstehe es* und bezieht sich auf den ersten Teil des Satzes, der davor steht.

noy-qu' ghet-wI'-vetlh.

Adjektive funktionieren wie Verben im Klingonischen und stehen daher an derselben Stelle wie in einem normalen Satz: vor dem Subjekt. Die Nachsilbe **-qu'** *sehr* verstärkt die Aussage: „er ist sehr berühmt."

Das Verb **ghet** wird sinngemäß übersetzt mit *vorgeben, jemand zu sein* und bildet mit der Nachsilbe **-wI'** ein Nomen mit der Bedeutung „Schauspieler". Ein ähnliches Wort ist **DawI'**.

tlhIngan Hol paq-wIj tlhI'-qang 'e' vI-SIv.

Die Anzahl der Nomen in einer Genitivkonstruktion ist nicht begrenzt. **tlhIngan Hol** *Sprache der Klingonen* kann mit **paq** *Buch* kombiniert werden und bildet das so lange, deutsche Wort „Klingonischbuch". Die Nachsilbe **-wIj** *mein* zeigt den Besitzer an.

Die Nachsilbe **-qang** zeigt an, dass jemand willens ist, etwas zu tun.

Das Verb **SIv** *sich fragen* nimmt den ersten Satz als Objekt, wobei das Pronomen **'e'** *das* besser mit *ob* übersetzt wird:

... 'e' vISIv.
Ich frage mich, ob ...

paq-lIj tlhI' Da-neH-chugh, vaj yI-ghel neH.

Das Wort **neH** hat in diesem Satz zwei komplett verschiedene Bedeutungen.

Im ersten Fall bedeutet es *wollen* und nimmt den ersten Satz als Objekt: *Falls du willst, dass er dein Buch signiert ....* Das Verb **neH** ist das einzige, bei dem das Pronomen **'e'** *das* nicht verwendet wird.

In der zweiten Hälfte ist es ein ganz anderes Wort. Das Adverb **neH** *nur, lediglich* steht immer hinter dem Verb und schwächt es ab.

vaj *dann, also* verbindet beide Sätze.

Doch-Ha'-bej ghaH.

Die Nachsilbe **-Ha'** kehrt die Bedeutung des Verbes um: Aus *unhöflich sein* wird es zu *höflich sein*. Der Zusatz **-bej** zeigt an, dass der Sprecher sicher über seine Aussage ist: *Er ist zweifelsfrei eine freundliche Person.*

In den meisten Fällen sind Pronomen überflüssig. Da das Verb hier eine sogenannte Null-Vorsilbe hat, kann das Subjekt sowohl im Singular als auch in der Mehrzahl stehen. Durch die Verwendung des Pronomens **ghaH** *er/sie* wird die Zweideutigkeit aufgelöst.

qay'-be'.

Ein vielseitig einsetzbarer, klassischer Ausdruck, den man direkt mit *Es ist kein Problem* übersetzen kann.

ghaH vI-qIH-DI', jI-ra':

Auch hier ist das Pronomen optional und verfestigt nur das Objekt, da die Vorsilbe **vI-** für Objekte in Mehrzahl und Einzahl verwendet wird.

Die Nachsilbe **-DI'** *sobald, wenn* sorgt dafür, dass man direkt darauf mit einem neuen Satz beginnen kann: „Sobald x passiert, dann y."

paq-wIj yI-tlhI'!

Befehlsformen verwenden denselben Satzbau wie andere Sätze. Das Objekt **paqwIj** *mein Buch* steht auch hier vor dem Verb. Eine Besonderheit ist die Vorsilbe **yI-** *du-es,* die man nur bei Befehlen verwendet.

yIqIm. yIbuS!

*Das Wort **tlhI'** fehlt in deinem Wörterbuch? Kein Wunder: Es ist ein offizielles neues Wort, das mit diesem Buch erschienen ist.*

Die Erklärung steht auf Seite 70.

qatlh naDev ghot-pu' law' tu'-lu'?

[qʰɑt͡ɬ nɑ.ˈɖɛv ɣotʰ.ˈpʰuʔ lɑʊ̯ʔ tʰuʔ.luʔ]

Das erste Wort reimt etwas auf „Matsch", aber nicht ganz. Der Laut **tlh** ähnelt einer Mischung aus t und l mit einem Zischlaut. Auffällig sind hier die Apostrophe, die für abrupt endende Silben sorgen. Man sagt nicht *tuuluu*, sondern *tu'-lu'*.

pa' tlhI'-taH Toby Johnson.

[pʰɑʔ ˈt͡ɬɪʔ.tʰɑx . . .]

Auch hier hat man stark abrupt endende Silben. Man darf nicht „pah" sagen, sondern nur ganz kurz „Pa". Das Wort **tlhI'** klingt fast wie in „Klick!".

vaj pa' chen lanSoy tIq 'e' vI-yaj.

[vɑd͡ʒ pʰɑʔ t͡ʃɛn lɑn.ˈʂoɪ̯ tʰɪqʰ ʔɛʔ vɪ.ˈjɑd͡ʒ]

Der Laut **ch** ist immer sehr stark wie im Wort „Zwitschern". Die erste Silbe von **lanSoy** reimt sich auf den zweiten Teil von „W-LAN" und **Soy** auf „boy".

noy-qu' ghet-wI'-vetlh.

[noɪ̯.ˈqʰuʔ ɣɛtʰ.ˈwɪʔ.vɛt͡ɬ]

Die erste Silbe ist fast identisch mit dem deutschen Wort „neu", direkt gefolgt von „Kuh", jedoch nicht so langgezogen. Das nächste Wort **ghet** beginnt wie das Wort „Rettung", außer natürlich man rollt das r.

Die Silbe **-wI'** darf sich nicht auf „wie" reimen, sondern mehr auf „weh". In der letzten Silbe wird das **e** wie ein *ä* gesprochen.

tlhIngan Hol paq-wIj tlhI'-qang 'e' vI-SIv.

[ˈt͡ɬɪ.ŋɑn xol ˈpʰɑqʰ.wɪd͡ʒ ˈt͡ɬɪʔ.qʰɑŋ ʔɛʔ vɪ.ˈʂɪv]

Das klingonische **q** ist im Grunde wie ein deutsches k zu sprechen. Man hat damit zwar einen starken Akzent, aber das wird vorerst niemand merken.

Wichtiger sind das **S**, das immer wie ein sch klingen sollte, und das **I**, das wie ein e klingt. Das Wort **SIv** ist falsch, wenn es wie „Siff" oder „schief" klingt. Richtig ist nur ein lang gezogenes „Schiff".

Man darf dabei nie vergessen, dass das klingonische **v** wie im Englischen stimmhaft gesprochen wird, also niemals wie ein f.

paq-lIj tlhI' Da-neH-chugh, vaj yI-ghel neH.

[ˈpʰɑqʰ.lɪd͡ʒ t͡ɬɪʔ ɖɑ.ˈnɛx.ˈt͡ʃuɣ
vɑd͡ʒ jɪ.ˈɣɛl nɛx]

Das Wort **paq** klingt schön wie das deutsche Wort „Pack“. Die nächste Silbe erinnert zwar an Litschis, darf aber nicht so hart klingen. Das **j** ist mehr wie das j im englischen Namen „Jane“, daher reimt sich **vaj** auf den Namen „Marge“.

Das Wort **tlhI'** entspricht der Silbe „Klick“, aber ohne das ck am Ende.

Der Laut **gh** ist ein gegurgeltes r im Rachen, somit erinnert die Silbe **-chugh** an „Churros“, wenn man es auf Deutsch und nicht auf Spanisch ausspricht.

Doch-Ha'-bej ghaH.

[ɖot͡ʃ.ˈxɑʔ.bɛd͡ʒ ɣɑx]

In einem mehrsilbigen Wort wird in der Regel jene Silbe betonte, die einen Apostroph trägt. In diesem Fall das **-Ha'**. Die darauf folgende Silbe **-bej** darf man etwas langziehen, um ihre Bedeutung zu betonen.

Das Wort **ghaH** wird stark im Rachen gesprochen und klingt auch zufällig genau wie das Wort „Rachen“.

qay'-be'. ghaH vI-qIH-DI', jI-ra':

[ˈqʰɑi̯ʔ.ˈbɛʔ
ɣɑx vɪ.ˈqʰɪx.ɖɪʔ d͡ʒɪ.ˈrɑʔ]

Dieser Satz klingt wie die Ermahnung eines kleinen Kindes: „Kai, bäh!“.

In den anderen Wörtern erscheint oft das **I**, was jedes Mal wie ein e klingt.

paq-wIj yI-tlhI'!

[ˈpʰɑqʰ.wɪd͡ʒ jɪ.ˈt͡ɬɪʔ]

Die Betonung in diesem Satz liegt vor allem auf dem Nomen **paq** und der letzten Silbe, dem Verb **tlhI'**. Die anderen Silben haben keine Betonung, dürfen aber etwas langgezogen werden. Etwas übertrieben spricht man diesen Satz in etwa so:

PACK-weedsch, jeeeh-KLEE.

5 Lektion 5: Eine kleine Pause

Maya hatte ihre Autogrammjagd erfolgreich beendet und wanderte weiter durch die Messhallen. Auf einer Convention gab es viel anzusehen, Menschen, Aliens und Andersartige.

Einerseits gab es vieles, das man sich hätte mehrmals anschauen können, andererseits genoss Maya es auch, ihre klingonische Uniform (**HIp**) zu präsentieren und mit anderen Besuchern Fotos zu machen und ins Gespräche zu kommen.

Kurz vor der Mittagszeit hatte sie das Gefühl, sie hätte viele **qelI'qam** zurückgelegt. Nun war es an der Zeit, etwas zu essen zu finden. Klingonisches Essen wie Gagh (**qagh**) konnte sie hier natürlich nicht erwarten. Stattdessen gab es viele typisch irdische Gerichte wie zum Beispiel Pommes frites (**tlhagh patat 'oQqar naQHommey**) oder Hamburger (**Ha'DIbaH ghIH tIr ngogh je**). In dieser Situation wollte sie aber auch eher etwas Leichtes essen, wie ein Stück Obst (**naH**) oder etwas anderes, das man schnell unterwegs zu sich nehmen konnte: sogenanntes **leng Soj**, „Reiseessen".

Genau dafür entschied sie sich dann. Maya bestellte sich etwas Simples zum Mitnehmen, dass sie leicht essen konnte, ohne zu riskieren, ihre klingonische Uniform zu beschmutzen. Sie setzte sich auf eine große Treppe mit Blick auf die Halle und beobachtete beobachtete die Besucher, wie sie sich zwischen den Ständen hindurchquetschten.

WORTSCHATZ

ghung hungrig sein
vay' etwas
nuqDaq wo?
Soj Essen
Sam finden
qaw merken, erinnern

jal sich vorstellen
ngevwI' Verkäufer/in
ghel fragen
jang antworten
Daghajbogh was du hast
yIngu' identifiziere es

DIALOG

jIghung. **vay' vISop vIneH.** **nuqDaq Soj vISam?**	Ich bin hungrig. Ich möchte etwas essen. Wo könnte ich Essen finden?
mu'meyvam vIqawmeH, **ghu'vam vIjal:**	Um mir diese Wörter zu merken, stelle ich mir diese Situation vor:
Soj ngevwI'Daq jIpawDI',	Wenn ich beim Essensverkäufer ankomme,
ghaH vIghel 'ej jang ngevwI':	frage ich ihn und er antwortet:
nuq DaSop DaneH?	*Was willst du essen?*
jISovbe'. **Soj Daghajbogh yIngu'.**	Ich weiß es nicht. Sag mir, welches Essen du hast!
Ha'DIbaH vIghaj, naH vIghaj, **Su'ghar Sawqe' vIghaj je.**	*Ich habe Fleisch, ich habe Obst,* *ich habe auch Süßigkeiten.*

NÜTZLICHE WÖRTER

HIvje' *n.* Becher, Glas, Tasse
jengva' *n.* Teller
Qe' *n.* Restaurant
Do Qe' *n.* Fast-Food-Restaurant
puq chonnaQ *n.* Gabel
taj *n.* Messer

tlhutlh *v.* trinken
ghup *v.* schlucken
yIv *v.* kauen
DIl *v.* bezahlen
wIv *v.* wählen, aussuchen
'ey(Ha') *v.* (nicht) lecker sein

jI-ghung.

Im Klingonischen gibt es keine Adjektive. Solche Aussagen werden mit Hilfe von Verben ausgedrückt. Das Verb **ghung** kann man mit *hungrig sein* oder *Hunger haben* übersetzen.

vay' vI-Sop vI-neH.

Dieser Satz ist verschachtelt: **vay'** *(etwas)* ist das Objekt zu **vI-Sop** *ich esse es* und steht daher als erstes. Dieser gesamte Teil wiederum ist das Objekt zu **vI-neH** *ich will es*.

Das Verb **neH** *wollen* hat einen Sonderstatus in solchen Sätzen: Normalerweise wird ein „Satz als Objekt" immer mit dem Pronomen **'e'** verbunden – außer bei dem Verb **neH**.

nuqDaq Soj vI-Sam?

So wie alle Fragewörter steht auch **nuqDaq** *wo* am Anfang des Satzes. Das Wort kann man zerlegen in **nuq** *was* + **Daq** *Ort*, also *welcher Ort*.

Der zweite Teil ist Standard:

Das Objekt **Soj** *Essen* steht vor dem Verb **vI-Sam** *ich finde es*. Das Verb **Sam** impliziert das Finden, nicht nur die Suche.

mu'-mey-vam vI-qaw-meH, ...

Hier haben wir einen halben Satz, dessen Übersetzung mit *um zu* beginnt. Dieses erkennt man an der Silbe **-meH**. Das Objekt zum Verb **qaw** *erinnern* steht wie immer davor. Bei den Silben **-mey** *Plural* und **-vam** *diese/s* darf die Reihenfolge nicht vertauscht werden.

... ghu'-vam vI-jal:

Dieser Satz ergänzt den vorangehenden um-zu-Satz, kann aber auch selbständig stehen. Das Nomen **ghu'** *Situation* ist das Objekt zum Verb **jal** *sich etwas vorstellen*.

Soj ngevwI'-Daq jI-paw-DI', ...

Auch hier haben wir einen Nebensatz, den man mit *Sobald...* einleitet, was an der Silbe **-DI'** erkennbar ist. Das Nomen mit der Endsilbe **-Daq** zeigt den Ort der Handlung an (*beim Essensverkäufer*), welcher immer am Anfang des Satzes steht.

ghaH vI-ghel 'ej jang ngevwI'.

Hier gibt es einige Doppelungen: Das Pronomen **ghaH** *er/sie* ist überflüssig, da durch die Vorsilbe **vI-** das Objekt schon deutlich ist. Das Nomen **ngevwI'** *Verkäufer* ist ebenfalls eine Wiederholung des bereits Gesagten.

nuq Da-Sop Da-neH?

Der Aufbau dieses Satzes ist identisch mit dem zweiten Satz in diesem Kapitel, **vay' vISop vIneH** auf der Seite zuvor

Ein Unterschied ist, dass statt eines Objekts das Fragewort **nuq** *was* steht, wodurch der ganze Satz zu einer Frage wird.

jI-Sov-be'.

Auch wenn man im Deutschen „Ich weiß es nicht" sagt, enthält der klingonische Satz kein Objekt, also kein „es". Es heißt nur *Ich weiß nicht* und das ist aus klingonischer Sicht grammatikalisch korrekt.

Soj Da-ghaj-bogh yI-ngu'.

Was man im Deutschen als Frage stellen würde („Welche Speisen hast du?") wird im Klingonischen als Befehl formuliert: *Identifiziere das Essen, das du hast!*

Der komplette erste Teil – **Soj Daghaj-bogh** *Essen, welches du hast* – ist hier das Objekt zu **ngu'** *identifizieren*.

Ha'DIbaH vI-ghaj, naH vI-ghaj, Su'ghar Sawqe' vI-ghaj je.

Die Wiederholung des Verbs **vIghaj** *ich habe es* ist in diesem Satz unnötig, aber nicht falsch. Bei einer Aufzählung geht es auch kürzer:

A, B, C je vIghaj
Ich habe A, B und C.

In diesem Fall wird das Verb wiederholt, da manche der Nomen aus mehreren Einzelteilen bestehen, so dass man aufgrund der großen Menge aufgezählter Nomen nicht erkennen würde, von was gesprochen wird. Die Wiederholung sorgt für eine Strukturierung dieser Nomen und führt damit zu einem besseren Verständnis.

yIqIm. yIbuS!

In klingonischen Texten sind Wiederholungen recht häufig. Das ist ein häufiges Stilmittel, um Zweideutigkeiten zu vermeiden oder bestimmte Elemente zu betonen.

jI-ghung. — [d͡ʒɪ.ˈɣuŋ]

Der Laut **gh** ist wie ein gegurgeltes (aber nicht gerolltes!) r. Somit erinnert das obige Wort an die zweite Silbe des Wortes „Errungenschaft".

vay' vI-Sop vI-neH.

[vai̯ʔ vɪ.ˈʂopʰ vɪ.ˈnɛx]

Die erste Silbe muss sehr kurz gesprochen werden, damit man den Unterscheid zwischen **vay'** und **vay** hören kann.

nuqDaq Soj vI-Sam?

[ˈnuqʰ.ɖɑqʰ ʂod͡ʒ vɪ.ˈʂɑm]

Das erste Wort kann man schön abgehackt sprechen: nuck-dack. Das Das Wort **Soj** beginnt mit einem sch, endet mit mit einem zarten, stimmhaften dsch und reimt sich auf den englischen Namen „George".

mu'-mey-vam vI-qaw-meH,

[ˈmuʔ.mɛi̯.vɑm vɪ.ˈqʰɑu̯.mɛx]

Wegen des Apostrophs muss das erste Wort abrupt enden. Man darf nicht wie eine Kuh sprechen: „Muh!" ist falsch. Für die Silbe **-mey** gibt es im Deutschen keinen Reim, aber wir kennen einen aus englischen Wörtern wie „Okay" oder „Display". Die Silbe **qaw** hingegen reimt sich perfekt auf „Kakao" oder die Befehlsform: „Kau!".

ghu'-vam vI-jal:

[ˈɣuʔ.vɑm vɪ.ˈd͡ʒɑl]

So wie bei **mu'** muss auch dieses Wort abrupt enden. Ohne Apostroph würde es wie das Wort „Ruhe" ohne e klingen und hätte eine andere Bedeutung: **ghu** ist ein Säugling.

Die Silbe **-vam** beginnt mit einem stimmhaften v, das niemals wie ein f klingen darf! Es sollte eher wie das deutsche w klingen und sich auf das Wort „warm" reimen, ohne das r hervorzuheben.

Für das Verb **jal** muss man an das j in „John" denken, niemals ein deutsches j verwenden.

Soj ngevwI'-Daq jI-paw-DI', ...

[ʂod͡ʒ ŋɛv.ˈwɪʔ.ɖɑqʰ d͡ʒɪ.pʰɑu̯.ˈɖɪʔ]

Zur Aussprache von **Soj** siehe linke Spalte.

Bei einem Wort, dass mit **ng** beginnt, sollte man sich vorher einen Vokal denken, der nicht ausgesprochen wird. Dafür eignen sich *Wörter* wie „Inge" oder „Engel" sehr gut. Achte bei dem **v** darauf, dass es stimmhaft klingt und nicht wie ein f. Die Silbe **-wI'** endet sehr abrupt und klingt etwas verkürzt.

Die Kombination **aw** reimt auf au.

ghaH vI-ghel 'ej jang ngevwI':

[ɣax vɪ.ˈɣɛl]
[ʔɛd͡ʒ d͡ʒaŋ ɣɛv.ˈwɪʔ]

Die ersten beiden Wörter klingen sehr rau. **ghaH** beginnt wie „Rachen". Das **gh** darf nie wie ein g klingen. Dort steht nicht „Gagh", das wäre etwas anderes. Der selbe gegurgelte Laut steckt im Wort **ghel**. Dieses ähnelt dem Beginn von „Religion", vor allem auch im Vokal **e**, der mehr wie ein ä klingt als wie ein e. Das Wort **jang** ist einfach, wenn man dabei an die englische Aussprache von „jungle" denkt. **jang** reimt auf „Klang" und „Fang".

nuq Da-Sop Da-neH?

[nuqʰ ɖa.ˈʂopʰ ɖa.ˈnɛx]

Hier wird fast alles so gesprochen, wie es geschrieben wird. Wichtig ist, dass das **S** wie ein sch klingt: **Sop** reimt auf Shop. Die letzte Silbe **neH** endet mit einem kratzenden ch-Laut wie in „Ach!", aber viel rauer.

jI-Sov-be'.

[d͡ʒɪ.ʂov.ˈbɛʔ]

Die erste Silbe klingt wie der Beginn des Namens „Jane". Das **I** ist kein i, sondern etwa wie das e im Namen „Che" von „Che Guevara". Das Wort **Sov** beginnt mit einem sch und erinnert an das Wort „Schorf". Die Silbe **-be'** klingt wie ein kurzes *„Bä!"*.

Soj Da-ghaj-bogh yI-ngu'.

[ʂod͡ʒ ɖa.ˈɣad͡ʒ.boɣ jɪ.ˈŋuʔ]

Dies ist etwas komplizierter. Für viele ist der Laut **gh** ein Problem, der wie ein gegurgeltes r klingt. Das Wort **ghaj** klingt genau wie der indische Name „Raj" aus *The Big Bang Theory*.

Die Silbe **-bogh** erinnert ein wenig an „Bohrer", aber nicht wie in „Bohrmaschine", wo man das r gar nicht hört. Bei der letzten Silbe lässt man am besten das **I** in das **ng** überfließen und denkt an den Namen „Inge".

Ha'DIbaH vI-ghaj, naH vI-ghaj, Su'ghar Sawqe' vI-ghaj je.

[ˈxaʔ.ɖɪ.bax vɪ.ˈɣad͡ʒ
nax vɪ.ˈɣad͡ʒ
ˈʂuʔ.ɣar ʂau̯.ˈqʰɛʔ vɪ.ˈɣad͡ʒ d͡ʒɛ]

Der Apostroph in den Wörtern **Ha'DIbaH** und **Su'ghar** sorgt für eine deutliche Unterbrechung. Zum Üben sollte man sich hier ein Komma denken: **Ha', DIbaH** und: **Su', ghar**.

Die Silbe **Saw** klingt genauso wie „Schau" auf Deutsch. Im Gegensatz zu den sonst eher abrupt endenden Silben, soll man das wie ein ä klingende e in **je** ruhig lang ziehen, damit es nicht wie **je'** klingt.

6 Lektion 6: Zum Sprachkurs

Nach der kleinen Stärkung kehrte Maya auf ihr Zimmer (**pa'**) zurück. Sie hatte ihr Kostüm und ihre Maske nun mehrere Stunden getragen, was auf die Dauer unbequem war.

Ihr Kostüm trug sie mit großem Stolz, aber man konnte sich damit nicht einfach mal so locker auf einen Sessel werfen und sich entspannen. Zudem schränkte die fest aufgeklebte Stirn (**Quch**) die Mimik ein: Das typisch vulkanische Hochziehen der Augenbraue (**Huy'**) war dabei komplett ausgeschlossen!

Maya zog sich etwas Bequemes über, um sich mal als ganz normale Besucherin auf der Con bewegen zu können. Ihr Ziel war es nun, zum Sprachkurs zu gehen.

Im Programmheft hatte sie den Hinweis gelesen, es solle am Nachmittag einen Workshop geben, bei dem man Klingonisch lernen könne. Das wollte sie sich natürlich nicht entgehen lassen: Einerseits wollte sie ihr Wissen testen, andererseits aber auch sehen, ob sie etwas Neues lernen konnte.

Nun galt es, den besagten Saal zu finden. Maya eilte durch die Lobby, denn sie war spät dran. Wo war der Sprachkurs? Sie überlegte, wie man das auf Klingonisch fragen konnte.

Dann traf sie auf die Gruppe der Klingonen vom Vorabend. Die konnten ihr gleich den Saal nennen, und das sogar auf Klingonisch: **Sarbruqen 'oH pa' pong'e'.**

WORTSCHATZ

HIqIm beachtet mich
nuqDaq 'oH wo ist (es)
DuSaQ Schule
ghojmoHwI' Lehrer/in
vISamnIS ich muss ihn finden
qay'be' Es ist kein Problem.

wISov wir kennen es
Sarbruqen Saarbrücken
ghotlhej Begleite uns!
boQ helfen
tlhIH ihr (Plural)
jItlho' Ich bin dankbar.

DIALOG

tlhInganpu'!
HIqIm!

Klingonen!
Beachtet mich!

nuqneH?

Was willst du?

nuqDaq 'oH tlhIngan DuSaQ'e'?
tlhIngan Hol ghojmoHwI' vISamnIS.

Wo ist der Klingonischkurs? Ich muss den Klingonischlehrer finden.

qay'be'.
pa' pong wISov.
Sarbruqen 'oH pa' pong'e'.
ghotlhej!

Kein Problem.
Wir kennen den Namen des Raums.
Er heißt „Saarbrücken".
Komm mit uns.

maj. tuboQmo' jItlho'.
jatlhwI' po' tlhIH'a'?

Gut. Ich bin dankbar für eure Hilfe.
Seid ihr erfahrene Sprecher?

ghobe'. loQ wIjatlh neH.

Nein. Wir sprechen es nur ein wenig.

NÜTZLICHE WÖRTER

Del *v.* beschreiben
ghoS *v.* fortbewegen, hingehen
HaD *v.* studieren
Hop *v.* weit entfernt sein
QIj *v.* erklären
Sum *v.* nah sein

ghojmeH mIw *n.* Lektion
SoQ *n.* Vortrag
much *n.* Präsentation, Aufführung
taghwI' *n.* Anfänger
po'wI' *n.* Fortgeschrittener
'a'ghen *n.* Meister, Professor

tlhIngan-pu'!

Im Grunde ist das kein vollständiger Satz, sondern einfach nur ein Ausruf: „Klingonen!“. Das Wort besteht aus dem Nomen **tlhIngan** *Klingone* und der Pluralsilbe **-pu'**.

nuqneH?

Diese Grußformel wurde schon auf Seite 12 erklärt.

nuqDaq 'oH tlhIngan DuSaQ-'e'?

Da es im Klingonischen kein Verb „sein“ gibt, muss man eine solche Konstruktion mit den Pronomen (hier **'oH** *es*) vornehmen. Wichtig ist die Endsilbe **-'e'**, die hier immer benötigt wird.

tlhIngan Hol ghoj-moH-wI' vI-Sam-nIS.

Wie immer kommt das Objekt zuerst, gefolgt vom Verb **Sam** *finden*. Das Objekt ist ein zusammengesetztes Nomen, bestehend aus **tlhIngan Hol** *klingonische Sprache* und **ghojmoHwI'** *Lehrer*. Letzteres ist ein nominalisiertes Verb. Dieses besteht aus dem Verb **ghoj** *lernen* und dem Suffix **-moH** *verursachen*. Wörtlich übersetzt heißt das Wort für *Lehrer* also *jemand, der lernen verursacht*.

qay'-be'.

Grammatikalisch betrachtet ist dieses Wort nichts Besonderes, da es nur aus einem Verb und einer Verneinung besteht. Inhaltlich ist es aber ein recht nützlicher Ausdruck, der in seiner wörtlichen Bedeutung *es ist/war kein Problem* recht vielseitig eingesetzt werden kann.

pa' pong wI-Sov.

Dieser simple Satz besteht aus dem Objekt **pa' pong** *Name des Zimmers*, gefolgt vom Verb **wISov** *wir kennen es*.

Sarbruqen 'oH pa' pong-'e'.

Auch hier verwendet man das Pronomen in der Funktion des Verbs „sein“. Daraus liest sich der Satz wörtlich so: *Es ist Saarbrücken, was den Namen des Zimmers betrifft.*

gho-tlhej!

Für die Befehlsform gibt es einen besonderen Satz an Vorsilben. In diesem Fall wird **gho-** *du-uns* verwendet.

maj.

Das Wort **maj** ist ein alleinstehender Ausruf, der nicht verändert wird: *Gut!* Er kann für Menschen, aber auch für Haustiere genutzt werden.

tu-boQ-mo' jI-tlho'.

Die Nachsilbe **-mo'** kann an Verben, aber auch an Nomen angehängt werden. Die Übersetzung ist *weil* bzw. *wegen*. Der Satzteil mit dieser Nachsilbe kann sowohl am Anfang als auch am Ende des Satzes stehen.

Das Verb **tlho'** kann man mit *dankbar sein* übersetzen, es sollte aber nicht zu häufig verwendet werden. Erst recht die übermäßige höfliche Verwendung im Sinne von „Danke" sollte man vermeiden.

jatlh-wI' po' tlhIH-'a'?

Auch hier funktioniert das Pronomen **tlhIH** *ihr* mit der Bedeutung *ihr seid*. Durch den Zusatz **-'a'** wird es zu einer Frage.

Da das Verb **po'** *erfahren sein* hinter dem Nomen steht, funktioniert es wie ein Adjektiv: *erfahrene Sprecher*.

ghobe'.

Das Wort **ghobe'** *Nein!* ist ähnlich wie der Ausruf **maj** *Gut!* ein selbständiges, alleinstehendes Wort. Man verwendet es nur als Antwort auf eine Entscheidungsfrage, aber niemals als Widerspruch, Ablehnung oder Verbot. Das Wort dafür ist **Qo'!**

loQ wI-jatlh neH.

Die adverbiale Wendung **loQ** *ein wenig, etwas* steht immer am Anfang des Satzes. Die Vorsilbe **wI-** *wir-es* deutet auf ein Objekt hin, welches jedoch nicht in diesem Satz enthalten ist. Hier kann man nur aus dem Kontext erschließen, dass sich die Vorsilbe auf die klingonische Sprache bezieht.

Das Wort **neH** *nur, lediglich* steht im Gegensatz zu **loQ** hinter dem Nomen oder dem Satzteil, auf das es sich bezieht. In diesem Beispiel entkräftet es den gesamten Satz: *Wir sprechen nur ein wenig.*

yIqIm. yIbuS!

Im Klingonischen gibt es kein Wort für „sein". Dessen Bedeutung ist immer im jeweiligen Wort enthalten und wird erst in der Übersetzung dargestellt:

qay' *ein Problem sein*, **ven** *nerdig sein*, **ghung** *hungrig sein*, **ghaH** *er/sie ist.*

tlhIngan-pu'! — [ˈt͡ɬɪ.ŋɑn.ˈpʰuʔ]

Das erste Wort enthält einen der schwierigsten Laute im Klingonischen. Im Grunde werden das t und das l gleichzeitig gesprochen, so wie im Deutschen das k und l in „Klingone“. Bei der Endsilbe **-pu'** muss man darauf achten, dass sie abrupt endet, also nicht wie in *puh*, sondern mehr wie in *pu*.

HI-qIm! — [xɪ.ˈqʰɪm]

Hier gibt es zwei wichtige Punkte zu beachten: Der Buchstabe **I** wird wie das deutsche e in „See“ gesprochen. Die erste Silbe beginnt mit einem rauen ch-Laut.

Als Zweites muss man sich merken, dass das **q** grob wie ein k klingt, niemals wie in „Qualle“. Die zweite Silbe klingt also wie der Name „Kim“.

nuqDaq 'oH tlhIngan DuSaQ-'e'?

[ˈnuqʰ.ɖɑqʰ ʔox ˈt͡ɬɪ.ŋɑn xol ɖu.ˈʂɑq͡χ.ˈʔɛʔ]

Das Wort **DuSaQ** kann meist so gesprochen werden, wie es geschrieben wird, mit zwei Ausnahmen: Das **S** ist wie ein sch, der Laut **Q** ist ein raues, kratzendes k und r gleichzeitig. Die Endsilbe **-'e'** ist ein ä, aber sehr kurz gesprochen.

tlhIngan Hol ghoj-moH-wI' vI-Sam-nIS.

[ˈt͡ɬɪ.ŋɑn xol ˈɣod͡ʒ.mox.ˈwɪʔ vɪ.ˈʂɑm.nɪʂ]

Das **H** im Wort **Hol** wird sehr rau gesprochen, wie ein leicht kratzendes ch in „Ach!“.

Der erste Laut in **ghoj** ist ein leicht gegurgeltes r, fast wie in „rot“. Hauptsache kein hartes g! Das j wird wie im Namen „James“ gesprochen. Die Silbe **-moH** endet auch sehr rauh und erinnert an das Verb „machen“.

Eine Erinnerung ist hier nötig für das **S**, das immer wie ein sch geprochen wird. Wichtig ist auch, dass das **I** immer wie ein e klingt, nicht wie ein i.

qay'-be'. — [ˈqʰɑi̯ʔ.ˈbɛʔ]

Das erste Wort klingt ähnlich dem deutschen Namen „Kai“. Die zweite Silbe ist ein kräftiges, kurzes bäh, darf aber nicht langezogen werden. Beide Silben sind sehr abrupt und kurz zu sprechen.

pa' pong wI-Sov.

[pʰɑʔ pʰoŋ wɪ.ˈʂov]

Die Wörter **pa'** und **pong** kann man ganz intuitiv wie in „Ping Pong“ aussprechen. Der einzige etwas abweichende Laut ist das **S** in **Sov**, das man wie ein sch sprechen muss.

Sarbruqen 'oH pa' pong-'e'.

[ʂɑr.ˈbru.qʰɛn
ʔox pʰɑʔ pʰoŋ.ˈʔɛʔ]

Man darf sich nicht von der deutschen Aussprache von „Saarbrücken" beeinflussen lassen, denn hier gilt die klingonische Aussprache. Diese ist grob „schar-bru-kähn".

Der Rest wurde schon mehrfach erklärt: **'oH** reimt auf „Och!" **pa'** und **pong** werden so gesprochen, wie man sie schreibt, und **-'e'** ist ein kurzes ä.

gho-tlhej! – [ɣo.ˈt͡ɬɛd͡ʒ]

Der Laut **gh** ähnelt stark einem französischen, gegurgeltem r.

Achtung: Diese Regel gilt nicht in Regionen, wo das r mit der Zungenspitze gerollt wird! In den meisten Regionen Deutschlands reimt sich das Wort **gho** auf das Wort „roh".

Das zweite Wort ist etwas schwieriger wegen des **tlh**-Lauts. Hier empfiehlt es sich, zur Übung erst das Wort „rot" und dann „ledsch" zu sagen.

maj. – [mɑd͡ʒ]

Das geht schnell: Man denke an Marge Simpson.

tu-boQ-mo' jI-tlho'.

[tʰu.ˈboq͡χ.moʔ d͡ʒɪ.ˈt͡ɬoʔ]

Dies ist ein typisch klingonisch klingender Satz. Das Wort **boQ** reimt auf Bock, aber der Laut **Q** ist eine kratzende Mischung aus k und r. Die Silbe **-mo'** wird so gesprochen, wie geschrieben, muss aber abrupt enden. Das letzte Wort beginnt mit dem j in „John" oder „DJ". Das Verb **tlho'** klingt etwas wie „Klo", aber statt des k spricht man ein t.

jatlh-wI' po' tlhIH-'a'?

[d͡ʒɑt͡ɬ.ˈwɪʔ pʰoʔ t͡ɬɪx.ˈʔɑʔ]

Für dieses erste Wort beginnt man mit dem j aus „DJ" oder „James", und endet mit dem **tlh**, wodurch sich das Gesamte nun grob auf „Matsch" reimt. Das **I** in **-wI'** darf nicht wie das i in „wie" klingen! Das klingonische **I** klingt fast immer wie ein langes e in „See" oder „Tee". Das Wort **po'** klingt fast wie „Po", endet aber abrupt. **tlhIH** klingt in etwa wie „klich".

ghobe'. loQ wI-jatlh neH.

[ɣo.ˈbɛʔ loq͡χ wɪ.ˈd͡ʒɑt͡ɬ nɛx]

ghobe' reimt ganz grob auf „Robe", aber mit der Betonung auf der letzten Silbe, die abrupt endet. Beim Wort **loQ** kann man an das Wort „locker" denken und dabei das e weglassen.

Intermezzo 2: Länder Europas

SIqotlan

norten'erlen

tuqjIjQa'

Denmargh

'eyre'

ne'Derlan

'Inglan

we'lIS

belghIya'

DoyIchl

bIre'tanya

letSeburgh

lIHter

vIraS

SuwISya'

'ewSIqaDIy

Samma

mu'neqo

'eSpanya'

'anDo'ra'

raSya'
Suverya'
lIyet
raSya'
pu'jIn yIje'.
Diese Karte (**pu'jIn**) zeigt nur die Länder rund um Deutschland (**DoyIchlan**). Eine komplette Karte mit allen Ländern des europäischen Kontinents ist im Webshop des Deutschen Klingonisch-Instituts erhältlich: **klingonisch.de/webshop**
po'lISqa'
'uqrayI'na
cheSqa'
SIlovenISqa'
molDo'va
'oSteray'
maDyar
romanI'ya'
SIlove'nIya
Hervachqa
SIrbIya'
boSnay-Herche-ghovIna
bIQ'a' qIj
qoSo'va
balgharya'
chIrnagho'ra

7 Lektion 7: Was sagt der Lehrer?

Im Saal „Saarbrücken“, wie er auf Deutsch hieß, tummelten sich schon sehr viele Sprachinteressierte. Einige von ihnen waren als Klingonen kostümiert, aber die meisten trugen genau wie Maya einfach nur Alltagskleidung. Und auch wenn es nur T-Shirts waren, konnte man über die Aufdrucke gleich feststellen, wo sich die Trekkies versteckten.

Sie bemerkte gleich, dass sich die Akzente der Teilnehmer auch auf ihr Klingonisch übertrugen. So hatten jene Teilnehmer, die nicht Deutsch als Muttersprache hatten, andere Probleme bei der Aussprache als Maya selbst. Sie fand es auch interessant, dass sogar die regionale Sprachmelodie jedes Sprechers auf das Klingonisch abfärbte.

Der Konferenzraum war nicht so steril, wie sie befürchtet hatte. An den Wänden hingen klingonische Fahnen und Dekorationen sowie viele nützliche Tabellen und Übersichten.

Maya schnappte sich ihre Unterlagen und setzte sich auf einen Stuhl unweit der Leinwand, damit sie nichts verpasste. Während sie im Übungsheft blätterte, sammelten sich immer mehr Schülerinnen und Schüler um sie herum. Es herrschte eine gute Stimmung, da sich viele am Vorabend schon kennengelernt hatten.

Dann betrat der Klingonischlehrer den Raum und eröffnete den Unterricht mit einem lauten **peqIm!**

Er forderte Maya gleich auf, einen Text vorzulesen.

WORTSCHATZ

peqIm Aufgepasst!
paq Buch
tlhap nehmen
laD lesen
mu'vam dieses Wort
qol aussprechen

QIt langsam
vay' etwas
Quj Spiel
ghel fragen
qID scherzen
HIja' ja

DIALOG

peqIm! **paqraj tItlhap.** **maya, yIlaD!**	Passt auf! Nehmt eure Bücher. Maya, lies vor!
chay' mu'vam vIqol?	*Wie spreche ich dieses Wort aus?*
ghatlhchu'ghach yIjatlh.	Sprich „ghatlhchu'ghach".
QIt yIjatlhqa'.	*Sag es nochmal langsam.*
ghatlh-chu'-ghach.	ghatlh-chu'-ghach.
nuq' 'oS mu'vam? yImugh!	*Was bedeutet das Wort? Übersetze!*
Monopoly 'oS. Quj 'oH.	Es heißt „Monopoly". Es ist ein Spiel.
ghojmoHwI', vay' vIghel vIneH.	*Lehrer, ich möchte etwas fragen.*
nuqneH?	Was willst du?
nuqDaq 'oH puchpa''e'?	*Wo ist die Toilette?*
bIqID'a'?	Machst du Witze?
HIja'.	*Ja.*

NÜTZLICHE WÖRTER

maj *x.* Gut!
Qo' *x.* Nein!
nom *adv.* schnell
bej *v.* schauen

nob *v.* geben
tam *v.* ruhig sein, schweigen
Sov *v.* wissen
QIj *v.* erklären

pe-qIm!

Ein Satz, den man am Sprachkurs häufig hört. Die Vorsilbe **pe-** ist eine Befehlsform und richtet sich an mehrere Personen.

paq-raj tI-tlhap.

Die Nachsilbe **-raj** ist eine besitzanzeigende Nachsilbe für mehrere Personen. Auch in der Befehlsform kommt immer das Objekt vor dem Verb. Die Vorsilbe **tI-** ist eine Befehlsform für den Fall, dass das Objekt in der Mehrzahl steht.

maya, yI-laD.

Wenn man eine Person mit dem Namen anspricht, kann der Name sowohl *am Anfang* als auch *am Ende* des Satzes stehen. Dieser Fall könnte also auch **yIlaD, maya** sein. Die Befehlsform mit **yI-** kann, muss aber kein Objekt haben. Es heißt einfach nur *Lies!*

chay' mu'-vam vI-qol?

Fast alle Fragewörter – wie hier **chay'** – kommen am Anfang des Satzes. Die Nachsilbe **-vam** am Nomen steht für *dieses*, wobei das Gegenstück **-vetlh** *jenes* ist. Auch hier der Hinweis auf den Satzbau: Erst das Objekt, dann das Verb.

ghatlh-chu'-ghach yI-jatlh.

Für eine solche Übung am Sprachkurs muss natürlich ein Zungenbrecher her. Das Wort **ghatlhchu'ghatlh** beginnt mit dem Verb **ghatlh**, gefolgt vom Suffix **-chu'**, das die Handlung perfektioniert. Es geht hier nicht nur ums *dominieren*, sondern *um perfekt dominieren.*

Die Nachsilbe **-ghach** ist etwas Besonderes und wird nur selten verwendet. Sie verändert das Verb in ein Nomen: hier wird aus dem Verb *perfekt dominieren* das Nomen *perfekte Dominanz.*

QIt yI-jatlh-qa'.

Ein Adverb (hier **QIt** *langsam*) zeigt an, wie eine Handlung im Satz abläuft, und steht fast immer am Anfang des Satzes.

Die Verb-Nachsilbe **-qa'** wird verwendet, wenn etwas wiederholt wird, aber auch wenn etwas nach einer Unterbrechung fortgeführt wird.

nuq 'oS mu'-vam?

Wenn man eine Frage stellt, steht das Fragewort **nuq** *(was)* an der Stelle, wo man die Antwort erwarten würde. So, wie es immer ist, steht das Fragewort daher *vor* dem Verb.

Das Verb **'oS** bedeutet *repräsentieren*, was in der Verwendung hier ungewöhnlich klingt. Daher wird es oft als *bedeuten* übersetzt. Wenn man Wörter nicht übersetzt, sondern nur erklärt, ist das Verb **ghaS** passender.

yI-mugh!

Da die Befehlsform-Vorsilbe **yI-** mit und ohne Objekt funktionieren kann, ist die Übersetzung nicht immer eindeutig. Dieser Satz kann sowohl *Übersetze dies!* also auch allgemein *Übersetze!* heißen.

Quj 'oH.

Das ist ein schönes Beispiel für einen typisch klingonischen Sein-Satz:

Man nehme einfach ein Nomen, gefolgt von einem Pronomen. Letzteres lässt sich grob übersetzen mit *es ist*. Die wörtliche Übersetzung ist also *Ein Spiel, es ist*. Da diese Pronomen sich hier wie Verben verhalten, kann man nach Belieben Verbsuffixe anhängen.

ghoj-moH-wI',...

Das Wort für „Lehrer" setzt sich zusammen aus dem Verb **ghoj** *lernen*, und der Nachsilbe **-moH** *verursachen*. Beides zusammen bedeutet sinngemäß *unterrichten*. Die letzte Silbe **-wI'** an einem Verb macht dieses zu einem Nomen mit der Bedeutung *jemand, der etwas macht*, in diesem Fall *jemand, der unterrichtet*. – Zu Deutsch: Lehrer.

Solche Wörter sind im Klingonischen übrigens immer geschlechtsneutral, hier gibt es kein Problem mit Gendern.

...vay' vI-ghel vI-neH.

Das Wort **vay'** *etwas* ist das Objekt des Verbs **ghel** *fragen*. Der gesamte Satz ist wiederum das Objekt des Verbs **neH** *wollen*.

Wir erinnern uns: Normalerweise wird ein „Satz als Objekt" immer mit dem Pronomen **'e'** verbunden – außer bei dem Verb **neH**.

nuqDaq 'oH puch-pa'-'e'?

Auch wenn dieser Satz eine Frage ist, folgt er dem Schema des Sein-Satzes:

Der erste Teil lässt sich übersetzen mit *wo, es ist* danach folgt das Nomen **puchpa'** *Toilette*, welches das erforderliche Suffix **-'e'** trägt.

bI-qID-'a'?

Dieser Satz ist eine simple Frage, auf die man nur mit Ja oder Nein antworten kann. Die Vorsilbe zeigt, dass es kein Objekt gibt.

pe-qIm!

[pʰɛ.ˈqʰɪm]

Bei diesem Wort kann man kaum etwas falsch machen. Wichtig ist nur, dass das **e** wie ein ä klingt, ansonsten reimt es sich sehr gut auf „pä-kimm".

paq-raj tI-tlhap.

[ˈpʰɑqʰ.rɑd͡ʒ tʰɪ.ˈt͡ɬɑpʰ]

Falls man Probleme mit dem letzten Wort hat, sollte man es anders trennen:

Viel einfacher spricht sich „tit-lap".

maya, yI-laD.

[ˈmɑ.jɑ jɪ.ˈlɑɖ]

Hierzu gibt es kaum etwas zu sagen, außer die Erinnerung, dass man das **I** wie ein e sprechen sollte: „je-laad".

chay' mu'-vam vI-qol?

[t͡ʃɑi̯ʔ ˈmuʔ.vɑm vɪ.ˈqʰol]

Das erste Wort beginnt mit dem **ch**-Laut, den man aus „Tschüß" oder „Ciao" kennt. Eine Besonderheit ist der Apostroph, der das Wort verkürzt. Es gibt einen Unterschied zwischen **chay** und **chay'**. Auch sollte man das Wort **mu'** schön abrupt enden lassen. Man spricht nicht **muvam,** sondern **mu'vam.**

ghatlh-chu'-ghach yI-jatlh.

[ɣɑt͡ɬ.ˈt͡ʃuʔ.ɣɑt͡ʃ jɪ.ˈd͡ʒɑt͡ɬ]

An diesem Zungenbrecher kann man schön den Unterschied zwischen **tlh** und **ch** üben.

QIt yI-jatlh-qa'.

[q͡χɪtʰ jɪ.ˈd͡ʒɑt͡ɬ.ˈqʰɑʔ]

Das erste Wort beginnt mit dem kratzenden **Q**-Laut und klingt ein wenig wie „krit" – solange man das kr nicht getrennt ausspricht.

nuq 'oS mu'-vam?

[nuqʰ ʔoʂ ˈmuʔ.vɑm]

Das **S** wird im Klingonischen immer wie ein sch ausgesprochen. Das Wort **'oS** kling also genau wie „osch".

yI-mugh!

[jɪ.ˈmuɣ]

Dieses Wort endet mit dem schön gerollten **gh**-Klang, den man eventuell aus dem Französischen kennt. Auch in manchen Regionen Deutschlands ist er bekannt, z. B. wenn man den Namen des Flusses „Rhein" ausspricht. Natürlich darf es nicht wie ein gerolltes bayrisches r klingen!

Quj 'oH.

[q͡χud͡ʒ ʔox]

Auch hier erscheint wieder das gekratzte **Q**, und am Schluss das Wortes das raue **H**.

ghoj-moH-wI',...

[ˈɣod͡ʒ.mox.ˈwɪʔ]

Die einzelnen Laute wurden oben beschrieben. Wichtig ist hier, dass sich die Endsilbe **-wI'** <u>nicht</u> auf „wie" reimen darf, sondern eher auf das Wort „Weh".

...vay' vI-ghel vI-neH.

[vɑi̯ʔ vɪ.ˈɣɛl vɪ.ˈnɛx]

An dieser Stelle nochmals die Erinnerung: Wenn ein Wort mit einem Apostroph endet, klingt es meist kürzer als das gleiche Wort <u>ohne</u> Apostroph. Es gibt einen Unterscheid zwischen **vay** und **vay'.**

Und natürlich wieder die Erinnerung, dass **I** wie ein e klingen muss.

nuqDaq 'oH puch-pa'-'e'?

[ˈnuqʰ.ɖɑqʰ ʔox
ˈpʰut͡ʃ.pʰɑʔ.ˈʔɛʔ]

Wichtig ist hier das raue **H** in **'oH,** und der **ch**-Laut in **puch**, den man aus Wörtern wie „Ciao" oder „Tschad" kennt.

Die Apostrophe am Ende des Satzes sorgen für ein schönes Stakkato. Der Satz darf nicht die Vokale verschwimmen lassen. Es darf sich nicht anhören wie ***puchpaaeee***, sondern schön abgehackt: „Putsch! Pah! Äh!".

bI-qID-'a'?

[bɪ.qʰɪɖ.ˈʔɑʔ]

An sich nicht schwierig, aber man sollte sich erinnern, dass das **I** wie ein e klingen muss. Die letzte Silbe **'a'** muss schön abgetrennt werden: „beh-keehd-a?"

8 Lektion 8: Grammatik

Im ersten Teil des Unterrichts hatte der Klingonischlehrer (**ghojmoHwI'**) einen spannenden Vortrag über klingonische Dialekte gehalten. Anschließend folgte eine Zusammenfassung der wichtigsten Grundlagen klingonischer Grammatik: Im klingonischen Satzbau kommt das Objekt (**'ovmay**) immer zuerst, danach das Verb (**wot**) und am Ende des Satzes steht das Subjekt (**SeSor**), also derjenige, der etwas macht.

Maya genoss die Situation. Sie konnte nicht nur Klingonisch lernen, sondern sogar gleichzeitig die Sprache verwenden und üben. Das war für sie ein wichtiger Aspekt, denn im offiziellen Wörterbuch (**mu'ghom**) waren all diese grammatikalischen Begriffe gar nicht enthalten.

Für viele war die Grammatik ein unangenehmer Teil des Lernens und sie versuchten, sie zu umgehen. „Übersetze mir doch einfach diesen Satz" flehten einige. Doch der Lehrer bestand darauf: „Wenn man erst mal die Grundlagen verinnerlicht hat, konnte man auch selbst komplette Sätze (**mu'tlheghmey**) bilden."

Einige waren überrascht, dass der Satzbau so andersartig war. Dabei machten manche den klassischen Fehler (**Qagh**), basierend auf der deutschen Grammatik, einfach Wörter auszutauschen. Das ging natürlich nicht und erzeugte einfach nur kompletten Unsinn (**Dap**). Klingonisch war eine funktionierende Sprache (**Hol**) mit ihren eigenen Regeln.

WORTSCHATZ

pab *n.* Grammatik
Del *v.* beschreiben
Qoch *v.* anderer Meinung sein
mu'tay' *n.* Wortschatz
chay' *q.* wie?
ghantoH *n.* Beispiel, Schablone

vI'Hop *n.* direktes Objekt
'ovmay *n.* indirektes Objekt
SeSor *n.* Subjekt
venwI' *n.* Nerd
qatru' *n.* Nerd (noch stärker)
Hem *v.* stolz sein

DIALOG

pabvam vIyajbe'.
tlhIngan Hol vIjatlh vIneH,
'ach vIDel vIneHbe'.

Ich verstehe diese Grammatik nicht.
Ich will Klingonisch sprechen,
aber es nicht beschreiben.

jIQoch. potlh pab.
tlhIngan Hol DarIch
DaneHchugh,
vaj pab mu'tay' Dalo'nIS.

Ich stimme nicht zu. Grammatik ist wichtig. Wenn du über Klingonisch sprechen willst, dann musst du den Wortschatz der Grammatik benutzen.

chay'? ghantoH yI'ang!

Wie? Zeig mir ein Beispiel!

vI'HopvaD 'ovmay nob SeSor.

Das Subjekt gibt das Akkusativobjekt dem Dativobjekt.

DaH venwI'na' SoH 'e' vIDamnIS.

Jetzt muss ich dich als echten Nerd betrachten.

qay'be'. qatru' jIHmo' jIHem.

Kein Problem. Ich bin stolz darauf, ein Nerd zu sein.

NÜTZLICHE WÖRTER

'altlhIq *n.* Ausruf
DIp DelwI' *n.* Adjektiv
DIp *n.* Nomen, Hauptwort
wot *n.* Verb

lIw mu' *n.* Pronomen, Fürwort
qunI' *n.* Adverb
moHaq *n.* Präfix, Vorsilbe
mojaq *n.* Suffix, Nachsilbe

pab-vam vI-yaj-be'.

Das ist ein simpler, klassischer Satz. Das Objekt kommt zuerst, danach das passende Präfix und die Endsilbe **-be'** verneint das Ganze.

tlhIngan Hol vI-jatlh vI-neH, 'ach vI-Del vI-neH-be'.

Das ist ein schönes Beispiel für einen „Satz als Objekt", und vor allem für die Ausnahme, dass man bei dem Verb **neH** *wollen* das Pronomen **'e'** nicht verwendet.

Der Nebensatz wird durch **'ach** *aber* eingeleitet. Das Verb **Del** *beschreiben* bezieht sich auf das davor stehende Objekt **tlhIngan Hol** *Klingonisch*.

jI-Qoch

Eines der wenigen klingonischen Wörter, deren Grundform etwas Negatives bedeuten:

Qoch	*nicht zustimmen*
Qochbe'	*zustimmen*

potlh pab.

Auch hier haben wir wieder einen typischen Satz: Verb + Subjekt, ohne Schnickschnack.

tlhIngan Hol Da-rIch Da-neH-chugh, ...

Die Nachsilbe **-chugh** *(falls)* kommt in solchen Fällen immer als letztes. Auch hier sei daran erinnert, dass man bei **neH** kein Pronomen **'e'** benutzt. Auffällig ist hier die Silbe **Da**-, welche immer auf ein Objekt verweist.

...vaj pab mu'tay' Da-lo'-nIS.

Die Verwendung des Bindeworts **vaj** *(dann)* ist nicht zwingend erforderlich. Hier haben wir eine Kombination aus zwei Nomen, die eine Genitiv-konstruktion erzeugen: *der Wort-schatz der Grammatik*.

chay'?

Das Wort **chay'** *wie?*, das eigentlich als Einleitung zu einer Frage verwendet wird, kann auch als eigenständiger Satz stehen.

ghantoH yI-'ang!

Eine typisch klingonische Einstellung ist es, eine Bitte als Aufforderung zu formulieren.

vI'Hop-vaD 'ovmay nob SeSor.

Die Erklärung dieses Satzes steckt in seiner Übersetzung: Das Objekt (**SeSor**) gibt (**nob**) dem Dativobjekt (**vI'Hop**) das Akkusativobjekt (**'ovmay**). Die Nachsilbe **-vaD** zeigt hier das Dativobjekt an, also an wen die Handlung gerichtet ist.

DaH venwI'-na' SoH 'e' vI-Dam-nIS.

Die einleitende Zeitangabe **DaH** *jetzt* kommt immer an den Anfang eines Satzes, soweit ist das einfach. Danach folgt aber eine etwas ungewöhnliche Konstruktion. Erstens ist dies wieder ein Satz als Objekt. Der erste Teil **venwI'na' SoH** heißt *du bist ein Nerd.*

Der zweite Teil heißt *Ich muss das als wahr betrachten.* Ingesamt wäre eine wörtliche Übersetzung: *„Jetzt muss ich als wahr betrachten, du bist ein echter Nerd."* oder sinngemäß: *Ich muss dich wie einen Nerd behandeln.*

qay'-be'.

Dies ist eine einfache und typische Aussage, die man häufig anwenden kann. Grob übersetzt heißt es einfach nur *Es ist kein Problem!*

qatru' jIH-mo' jI-Hem.

Die Nachsilbe **-mo'** wird mit *wegen, weil* übersetzt. Sonst gibt es zu diesem Satz nicht viel zu sagen: *Weil ich ein Nerd bin, bin ich stolz.*

TIPP: Suffixtabelle fotokopieren und immer im Geldbeutel mitführen!

wot mojaqmey – Verbsuffixe

Segh 1	Segh 2	Segh 3	Segh 4	Segh 5	Segh 6	Segh 7	Segh 8	Segh 9	lengwI'
-'egh	-nIS	-choH	-moH	-lu'	-chu'	-pu'	-neS	-DI'	-be'
-chuq	-qang	-qa'		-laH	-bej	-ta'		-chugh	-Qo'
	-rup				-law'	-taH		-pa'	-Ha'
	-beH				-ba'	-lI'		-vIS	-qu'
	-vIp							-bogh	
								-meH	
								-'a'	
								-wI'	
								-mo'	
								-jaj	
								-ghach	

DIp mojaqmey – Nomensuffixe

Segh 1	Segh 2	Segh 3	Segh 4	Segh 5
-'a'	-pu'	-qoq	-wIj *	-Daq
-Hom	-Du'	-Hey	-lIj *	-vo'
-oy	-mey	-na'	-Daj	-mo'
			-maj *	-vaD
			-raj *	-'e'
			-chaj	
			-vam	
			-vetlh	

** bei sprachfähigen Wesen wird j zu '.*

pab-vam vI-yaj-be'.

[ˈpʰɑb.vɑm vɪ.jɑd͡ʒ.ˈbɛʔ]

Beim ersten Wort muss man darauf achten, das **p** sehr kräftig auszusprechen, das darauf folgende **b** aber sehr sanft. Es könnte sonst wie **bab** oder **pap** klingen. Das **j** in **yaj** muss wie in „DJ“ klingen, nie wie in „Marsch“. Die letzte Silbe wird betont und endet sehr abrupt. Die Endsilbe reimt sich mehr auf „Bett“ als auf „bäh“.

tlhIngan Hol vI-jatlh vI-neH,

[ˈt͡ɬɪ.ŋɑn xol vɪ.ˈd͡ʒɑt͡ɬ vɪ.ˈnɛx]

Jedes Verb wird gleich betont, auch wenn es zwei sind. Man achte hierbei darauf, das **ng** nicht getrennt zu sprechen. Das **I** darf nicht wie ein ie klingen, sondern mehr wie ein deutsches e in „See“.

'ach vI-Del vI-neH-be'.

[ʔɑt͡ʃ vɪ.ˈɖɛl vɪ.ˈnɛx.bɛʔ]

Das erste Wort reimt sich perfekt mit dem deutschen „Matsch“. Das v muss immer stimmhaft sein und darf niemals wie das v in „Vater“ oder „Vogel“ klingen.

Aufpassen muss man mit dem **e**, das wie ein ä klingt, nicht wie in „See“.

Das Wort **Del** ähnelt dem Wort „Delle“. **neH** erinnert ein wenig an „nächtlich“.

jI-Qoch. potlh pab.

[d͡ʒɪ.ˈq͡χot͡ʃ pʰot͡ɬ pʰɑb]

Das Wort **Qoch** ist wohl eins der am stärksten klingonisch klingenden: Es wird sehr rau gesprochen und klingt dabei sehr hart: „krotsch“.

tlhIngan Hol Da-rIch Da-neH-chugh

[ˈt͡ɬɪ.ŋɑn xol ɖɑ.ˈrɪt͡ʃ ɖɑ.ˈnɛx.ˈt͡ʃuɣ]

Dieser Satz ist recht einfach. Die Silbe **Da-** spricht man, wie man sie schreibt. Das Verb **rIch** klingt wie das englische Wort „rich“. Abweichend ist **neH**, das ein wenig klingt wie „näch“. Die letzte Silbe sieht schwierig aus, ist aber einfach. **ch** wie in „Ciao“ und die Endung reimt sich auf „Buch“.

vaj pab mu'tay' Da-lo'-nIS.

[vɑd͡ʒ pʰɑb ˈmuʔ.tʰɑ̯iʔ ɖɑ.ˈloʔ.nɪʂ]

In diesem Satz muss man gut auf die Apostrophe achten. Am Ende einer Silbe sorgen sie für einen abrupten Stopp. **mu'tay** darf nicht wie der Cocktail Mai Tai klingen, sondern muss in der Mitte stark unterbrochen werden: **mu'!** Stopp. **tay'!** Dasselbe gilt für **lo'nIS:** Man sagt nicht „lohnisch“, sondern eher „lock-nisch“.

chay'?

[t͡ʃɑi̯ʔ]

Kurz und knackig, aber abrupt endend. Es klingt nicht wie der türkische Tee „çay", sondern kürzer und abgehackt.

ghantoH yI-'ang!

[ˈɣɑn.tʰox jɪ.ˈʔɑŋ]

Die erste Silbe klingt grob wie das Wort „ran". Das **yI-** ist wie das deutsche „je". Die Endsilbe reimt sich auf „Klang".

vI'Hop-vaD 'ovmay nob SeSor.

[ˈvɪʔ.xopʰ.vɑɖ ʔov.ˈmɑi̯ nob ʂɛ.ˈʂor]

In einem mehrsilbigen Wort wird immer die Silbe mit dem Apostroph betont, ansonsten die letzte. Man denke hier nicht ans Englische: Die Silbe **may** reimt sich im Klingonischen immer auf den Monat „Mai"!

DaH venwI'-na' SoH 'e' vI-Dam-nIS.

[ɖɑx vɛn.ˈwɪʔ.nɑʔ ʂox ʔɛʔ vɪ.ˈɖɑm.nɪʂ]

Hier wird fast alles so gesprochen, wie es geschrieben wird, außer das Wort **DaH**: Dieses reimt sich auf „Dach".

qay'-be'. qatru' jIH-mo' jI-Hem.

[qʰɑi̯ʔ.bɛʔ] [qʰɑtʰ.ˈruʔ d͡ʒɪx.ˈmoʔ d͡ʒɪ.ˈxɛm]

Die erste Silbe reimt sich perfekt mit dem Namen „Kai". In diesem Satz ist darauf zu achten, dass alle Silben, die einen Apostroph haben, abrupt enden.

Im Wort **qatru'** darf man die Pause zwischen den Silben nicht vergessen und man darf die Trennung nicht „ka-tru" sprechen. Die richtige Trennung ist „kat-ru".

jIH reimt sich fast auf „ich", wobei das **H** sehr rau klingen sollte.

Das **e** im Verb **Hem** sollte wie ein ä klingen. Damit reimt sich das Wort fast auf „Hemd", natürlich ohne das d.

9 Lektion 9: Die Zukunft

Die Convention war für Maya ein einschneidendes Erlebnis gewesen. Die Menge der Eindrücke, die sie gesammelt hatte, sorgten dafür, dass es ihr viel länger als nur zwei Tage vorgekommen war. Sie hatte so viel gesehen, so viel erlebt, so viele neue Freunde kennengelernt und vor allem: Sie hatte endlich mal ihr Klingonisch anwenden können.

Da saß sie nun vor dem Hotel, wartete auf ihr Taxi (**ra'wI' lupwI'**) und schwelgte schon in Erinnerung (**wov'on**) an die vergangenen Tage. Eines Sache war sicher: Sie würde wiederkommen. Sie wollte wieder als Klingonin durch Menschenmassen stapfen und sie wollte wieder aktiv Klingonisch sprechen, nicht nur über Videochat.

Sie schnappte sich gleich ihr Handy (**QumwI'**) und suchte nach Terminen für Conventions und Klingonischkurse. Bei ihrer Suche fand sie mehrere Cons, aber nur ein einziges großes Klingonisch-Symposium. Das wurde jährlich durch das Deutsche Klingonisch-Institut organisiert. Sie war mehr als begeistert von der Idee, dass ein Klingonischkurs nicht nur einige Stunden, sondern gleich drei Tage dauern sollte!

Den Termin des Kurses, der jedes Jahr im November stattfand, trug sie sofort in ihren Kalender (**'ISjaH**) ein.

Nun hatte sie ein neues Ziel: Sie musste noch mehr Vokabeln pauken, um den KLCP-Test bestehen zu können.

WORTSCHATZ

SeDwI' Fahrer
manggha Bahnhof
venwI' qep Convention
qar'a' nicht wahr?
Dun großartig sein
wanI'vetlh jenes Ereignis
DaqIH'a' hast du sie getroffen?
nov Segh Alienrasse
DamaSbogh welche du bevorzugst
vImaS ich bevorzuge es
bIlugh du hast Recht
vItIvqu' ich genieße es sehr

DIALOG

SeDwI', manggha yIghoS!	Fahrer, bringen Sie mich zum Bahnhof!
venwI' qep DaSuch, qar'a'?	Du hast eben ein Nerdtreffen besucht, nicht wahr?
HIja'. Dun wanI'vetlh.	Ja, das Ereignis war großartig.
juppu' law' DaqIH'a'?	Hast du viele neue Freunde kennengelernt?
teHbej.	Ganz bestimmt.
nov Segh DamaSbogh yIngu'.	Welches sind deine Lieblingsaliens?
tlhInganpu' vImaS.	Ich bevorzuge die Klingonen.
toH! vaj tlhIngan Hol Dajatlh'a'?	Ach! Dann sprichst du Klingonisch?
bIlugh. **'oH vIjatlh 'e' vItIvqu'.**	Sie haben Recht. Ich spreche es sehr gerne.

NÜTZLICHE WÖRTER

romuluSngan *n.* Romulaner
qarDaSngan *n.* Cardassianer
verengan *n.* Ferengi
vulqangan *n.* Vulkanier
nab *v.* planen
tuch *n.* die Zukunft
vun *v.* bestellen
'elmeH chaw. *n.* Eintrittskarten

SeDwI', manggha yI-ghoS!

Das Nomen **SeDwI'** *Fahrer* besteht aus dem Verb **SeD** *fahren, lenken* und der Nachsilbe **-wI'** *jemand der macht*. Hier wird es als Anrede verwendet, die sowohl am Anfang als auch am Ende des Hauptsatzes stehen kann.

Das Objekt zum Verbs **ghoS** ist das Ziel, auf das man sich zubewegt.

venwI' qep Da-Such, qar-'a'?

Da es kein offizielles Wort für „Sci-Fi-Con" oder „Fantreffen" gibt, muss man es ein wenig umschreiben. **venwI'** bedeutet *Nerd*, **qep** ist *Treffen, Konferenz*. Somit ist **venwI' qep** wörtlich übersetzt ein „Nerdtreffen", was ja gut passt. Als Objekt zum Verb **Such** *besuchen* kommt es im Satz als erstes.

Der Ausdruck **qar'a'** bedeutet wörtlich *Ist es korrekt?* Er folgt entweder dem Verb oder steht am Ende des Satzes.

HIja'. Dun wanI'vetlh.

Den Ausdruck **HIja'** kann man nur als Antwort auf eine Entscheidungsfrage verwenden, sonst nicht. Auch wenn die Veranstaltung vorüber ist, wird am Verb keine Nachsilbe für Abgeschlossenheit gesetzt. Im Klingonischen gibt es keine Zeitformen, darüber hinaus ist es aus dem Kontext klar, dass die Veranstaltung vorbei ist.

jup-pu' law' Da-qIH-'a'?

Das Verb **qIH** ist sehr besonders, da es die Bedeutung der <u>erstmaligen</u> Begegnung einschließt, also nicht nur ein simples Treffen. Das Adjektiv **law'** *viele sein* folgt wie alle Adjektive dem Nomen, auf das es sich bezieht.

teH-bej.

Dieser Ausdruck ist eine nette Alternative zum simplen **HIja'**, aber er passt natürlich nicht immer als Antwort.

nov Segh Da-maS-bogh yI-ngu'.

Im Klingonischen wird eine Frage oft lieber als Befehl formuliert. Anstatt zu fragen, was jemandem gefällt, fordert man die Person auf, es zu erklären. Wörtlich heißt es hier also: *Identifiziere die Alienrasse, welche du bevorzugst.*

tlhIngan-pu' vI-maS.

In der Antwort wird in der Regel das Verb wiederholt, natürlich mit der passenden Vorsilbe.

toH!

Ein typischer Ausruf der positiven Überraschung oder auch Betonung. Wird gerne übersetzt mit *Ach! Aha!* oder *So!*

vaj tlhIngan Hol Da-jatlh-'a'?

Auch wenn dies eine Frage ist, kann man sie mit der Konjunktion **vaj** *dann, also* einleiten. **tlhIngan Hol** *Klingonisch* ist das Objekt des Verbs **jatlh** *sprechen*, was an der Vorsilbe **Da-** *du-es* zu erkennen ist. Die Silbe **-'a'** am Ende macht den Satz zu einer Ja–Nein–Frage.

bI-lugh.

Dies ist zwar keine direkte Antwort auf die Frage, kann aber je nach Situation passen. Stattdessen hätte man auch einfach „Ja" sagen können.

'oH vI-jatlh 'e' vI-tIv-qu'.

Das ist ein schönes klassisches Beispiel für einen Satz als Objekt.

Der Teil vor dem Pronomen **'e'** ist der Satz, auf den sich das Verb **tIv** *genießen* bezieht. Die Nachsilbe **qu'-** dient der Betonung und wird meist mit „sehr" übersetzt.

Wörtlich übersetzt heißt dieser Satz *Ich spreche es, ich genieße das sehr.*

Das erste *es* in der Übersetzung (**'oH**) bezieht sich in dieser Situation auf das Objekt des vorigen Satzes, also **tlhIngan Hol**.

KLINGONISCHE BUCHSTABEN

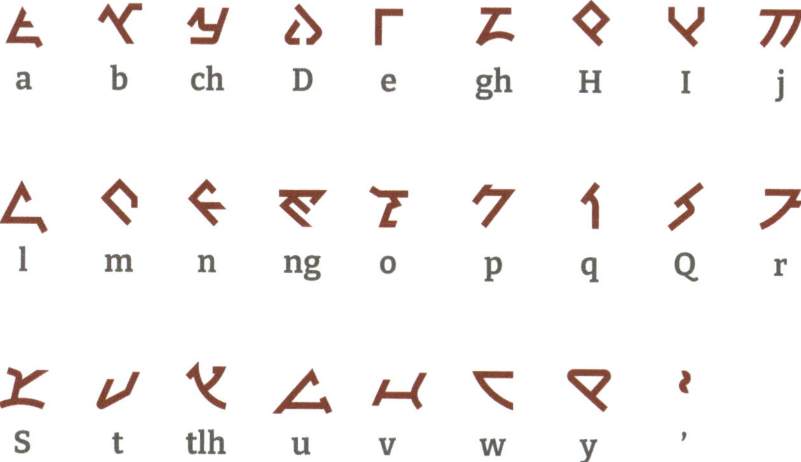

SeD-wI', mang-gha yI-ghoS!

[ʂɛɖ.ˈwɪʔ mɑŋ.ˈɣɑ jɪ.ˈɣoʂ]

Der klingonische Buchstabe **I** ist dem deutschen e ähnlicher als dem i. Daher darf die Silbe **-wI'** sich nicht wie das Wort „wie" anhören, sondern eher wie „weh".

Bei dem Nomen muss man aufpassen, dass es nicht wie „Manga" klingt! Erstens darf man **ng** nie getrennt sprechen, außerdem beginnt die nächste Silbe mit einem **gh**.

ven-wI' qep Da-Such.

[vɛn.ˈwɪʔ qʰɛpʰ ɖɑ.ˈʂut͡ʃ]

Für das erste Wort, siehe oben, im zweiten Wort gilt es zu wissen, dass das **q** einem k ähnlich ist. Keinesfalls darf man es wie in „Quelle" sprechen! Das Wort reimt sich auf die erste Silbe von „captain".

qar-'a'?

[qʰɑr.ˈʔɑʔ]

Dieses Wort wird fast so ausgesprochen, wie es geschrieben wird. Wichtig ist die deutliche Trennung zwischen erster und zweiter Silbe. Man sagt: „kar-a", nicht „kara".

HIja'.

[xɪ.ˈjɑʔ]

Der erste Laut dieses Wortes ist ein im Hals raues kratzendes ch. Das **j** entspricht dem j im englischen Namen „Jane". Der Apostroph am Ende sorgt für einen abrupten Stopp.

Dun wanI'-vetlh.

[ɖun wɑ.ˈnɪʔ.vɛt͡ɬ]

Hier achte man auf die Silbentrennung: **wa-nI'**. Das **I** darf nicht getrennt gesprochen werden. Der Endlaut **tlh** ist einer der schwierigsten Laute im Klingonischen. Er klingt in diesem Fall grob wie tsch.

jup-pu' law' Da-qIH-'a'?

[d͡ʒupʰ.ˈpʰuʔ lɑʊ̯ʔ ɖɑ.ˈqʰɪx.ˈʔɑʔ]

Besonders schwierig ist hier die getrennte Aussprache der beiden **p** im ersten Wort. Auch erfahrene Sprecher machen das nicht immer.

Das Wort **law'** muss kurz und abrupt gesprochen werden. Ohne Apostroph wäre das Wort **law** und wird etwas länger gesprochen.

teH-bej.

[tʰɛx.ˈbɛd͡ʒ]

Die erste Silbe ist recht klar: „täch". Bei der zweiten muss man aufpassen, dass das **j** wie in „Dschungel" klingt. Diese Silbe ist „bädsch", nicht „bäy".

nov Segh Da-maS-bogh yI-ngu'.

[nov ˈʂɛɣ ɖɑ.ˈmɑʂ.boɣ jɪ.ˈŋuʔ]

Es ist wichtig, sich zu merken, dass das klingonische **o** fast immer ein geschlossenes o wie in „Dose“ ist. Nur sehr selten klingt es wie in „Sonne“.

Die Silbe **-bogh** ähnelt also sehr der ersten Silbe im Wort „bohren“.

An dieser Stelle sei nochmals daran erinnert, dass man **ng** nie getrennt spricht. Am Anfang einer Silbe kann das schwer sein. Man spricht das Wort **yI-ngu'** getrennt nach dem **yI-**, danach folgt **ngu'**. Man darf es nie „jing-gu“ sprechen.

tlhIngan-pu' vI-maS.

[ˈt͡ɬɪ.ŋɑn.pʰuʔ vɪ.ˈmɑʂ]

Der Vokal **I** klingt immer wie ein e. Daher spricht man dieses Wort nicht „vie-masch“, sondern „veh-masch“. Man merke sich, dass das **v** wie im Englischen klingen soll, nicht wie ein deutsches f.

toH!

[tʰox]

Dieses Wort klingt fast wie das deutsche Wort „Doch!“.

vaj tlhIngan Hol Da-jatlh-'a'?

[vɑd͡ʒ ˈt͡ɬɪ.ŋɑn xol ɖɑ.ˈd͡ʒɑt͡ɬ.ʔɑʔ]

Immer wieder wird betont, dass der Buchstabe **j** wie in „DJ“ klingt. Das erste Wort reimt sich also mit dem Vornamen von Marge Simpson.

bI-lugh.

[bɪ.ˈluɣ]

Die erste Silbe dieses Wortes wird so ausgesprochen, als würde man den Buchstaben B nennen: beh-luuch.

'oH vI-jatlh 'e' vI-tIv-qu'.

[ʔox vɪ.ˈd͡ʒɑt͡ɬ ʔɛʔ vɪ.ˈtʰɪv.ˈqʰuʔ]

Der Apostroph sorgt für ein abgehacktes Sprechen. Das Pronomen **'e'** ist daher sehr kurz, und nicht wie „äh“.

Und natürlich wieder die Erinnerung, dass das **I** wie ein e klingen muss. Das letzte Wort klingt nicht wie „vie-tief“, sondern eher wie „vee-teev-ku“.

Wörterliste – von b bis ’

Diese Liste enthält sowohl alle in den Dialogen verwendeten Begriffe als auch Vor- und Nachsilben. Alle Wörter stehen in ihrer Grundform, das heißt ohne Vor- und Nachsilben. Obwohl Adjektive im Klingonischen als Verb verwendet werden, sind sie hier aus Übersichtsgründen als deutsches Adjektiv übersetzt, wie z. B. **mach** *klein* anstatt *klein sein*.

Man beachte die klingonische alphabetische Reihenfolge, wodurch das Wort **nuq** vor dem Wort **ngaS** zu finden ist:

a b ch D e gh H I j l m n ng o p q Q r S t tlh u v w y ’

-’a’ *vs.* Fragepartikel
’ach *konj.* aber
’ang *v.* enthüllen
’ay’ *n.* Teil
baS *n.* Metall
-be’ *vs.* nicht
-bej *vs.* sicherlich
bI- *pr.* du
bI’reS *n.* Anfang
bI’reS taymey *n.* Vorwort
-bogh *vs.* welche/r/s
boQ *v.* helfen
buS *v.* aufpassen
chaq *konj.* vielleicht
chay’ *ques.* wie?
chen *v.* entstehen
cho- *pr.* du-mich
-chugh *vs.* falls
Da *v.* schauspielern
Da- *pr.* du-es
Dab *v.* bewohnen
DaH *adv.* jetzt
Dam *v.* betrachten als
-Daq *ns.* in, an, bei, nach
Del *v.* beschreiben
-DI’ *vs.* sobald
Doch *v.* unfreundlich sein
DochHa’ *v.* freundlich sein
Dor *v.* begleiten
Dun *v.* großartig
DuSaQ *n.* Schule
’e’ *pro.* dass
-’e’ *ns.* Topisierung
-’egh *vs.* sich selbst
’ej *konj.* und (bei Sätzen)
-ghach *ns.* Substantivierer
ghaH *pro.* er/sie
ghaj *v.* haben, besitzen
ghantoH *n.* Muster, Beispiel
ghatlh *v.* beherrschen
ghatlhchu’ghach *n.* Herrschaft, Monopol
ghel *v.* fragen
ghetwI’ *n.* Schauspieler
gho- *pr.* du-uns (Befehl)
ghobe’ *x.* nein
ghoj *v.* lernen
ghojmoH *v.* unterrichten, lehren
ghojmoHwI’ *n.* Lehrer/in
ghoS *v.* gehen
ghot *n.* Person
ghu’ *n.* Situation
ghung *v.* hungrig
-Ha’ *vs.* Gegenteil
Ha’DIbaH *n.* Tier, Fleisch
Hamburgh *n.* Hamburg
Hem *v.* stolz sein
HI- *pr.* du-mich (Befehl)
HIja’ *x.* ja
HIp *n.* Uniform
-jaj *vs.* möge es
jal *v.* vorstellen
jang *v.* antworten
jatlh *v.* sprechen, sagen
jatlhwI’ *n.* Sprecher/in
je *konj.* und (bei Nomen)
jI- *pr.* ich
jIH *pro.* ich bin
jIHbe’ *pr.* ich bin nicht
jorngab *n.* Schulterpanzer
jup *n.* Freund
laD *v.* lesen
lanSoy *n.* Warteschlange
law’ *v.* viele
leng *n.* Reise
-lIj *ns.* deine
lo’ *v.* verwenden
loQ *adv.* ein wenig
loSmaH *num.* vierzig
lu- *pr.* sie-es
-lu’ *vs.* man macht
lugh *v.* Recht haben
maj *x.* Gut!
manggha *n.* Bahnhof
maS *v.* bevorzugen
-meH *vs.* um zu
-mey *ns.* Plural
mI’ *n.* Nummer
-mo’ *vs.* weil
-moH *vs.* verursachen
mu’ *n.* Wort
mugh *v.* übersetzen
mu’tay’ *n.* Wortschatz
-na’ *ns.* wahrhaft
naD *v.* empfehlen

naDev *adv.* hier
naH *n.* Gemüse, Obst
neH *v.* wollen
neH *adv.* nur
ngam *v.* kleben
ngammoH *v.* ankleben
ngevwI' *n.* Verkäufer/in
ngu' *v.* identifizieren
-nIS *vs.* müssen
nob *v.* geben
nov *n.* Fremder
noy *v.* berühmt
nuq *ques.* was?
nuqDaq *ques.* wo?
nuqneH *x.* Was willst du?
'oH *pro.* es ist
'oHbe' *pro.* es ist nicht
'oS *v.* repräsentieren
'ovmay *n.* direktes Objekt
pa' *n.* Zimmer
pab *n.* Grammatik
paq *n.* Buch
paw *v.* ankommen
pe- *pr.* ihr (Befehl)
po' *v.* erfahren
pong *n.* Name
pong *v.* nennen
poQ *v.* verlangen
potlh *v.* wichtig
-pu' *ns.* Mehrzahl
puchpa' *n.* Toilette (Raum)
qa- *pr.* ich-dich
-qa' *vs.* nochmal
-qang *vs.* willig
qar *v.* richtig sein
qar'a' *v.* nicht wahr?
qatlh *ques.* warum?
qatru' *n.* Nerd
qaw *v.* erinnern
qay' *v.* problematisch
Qe' *n.* Restaurant
qep *n.* Konferenz
qID *v.* scherzen
qIH *v.* begegnen
qIm *v.* aufpassen
QIS *v.* nähen
QISwI' *n.* Näher/in
QIt *adv.* langsam
Qoch *v.* nicht zustimmen
qol *v.* aussprechen
-qu' *vs.* sehr
Quch *n.* Stirn
Quj *n.* Spiel
quv *v.* geehrt
quvmoH *v.* ehren
ra' *v.* befehlen
-raj *ns.* euer
rIch *v.* besprechen
rur *v.* ähneln
rut *adv.* manchmal
Sam *v.* finden
Sarbruqen *n.* Saarbrücken
Sawqe' *n.* Klumpen
SeDwI' *n.* Fahrer/in
Segh *n.* Sorte
SeSor *n.* Subjekt
SIv *v.* sich fragen
SoH *pro.* du bist
Soj *n.* Nahrung
Sop *v.* essen
SoS *n.* Mutter
Sov *v.* wissen
Such *v.* besuchen
Su'ghar *n.* Zucker
Su'ghar Sawqe' *n.* Süßigkeit
-ta' *vs.* abgeschlossene Handlung
-taH *vs.* andauernde Handlung
tav *v.* zittern, basteln
taymey *n.* Buchteil
teH *v.* wahr
tI- *pr.* du-sie (Befehl)
tIq *v.* lang
tIv *v.* genießen
tlhap *v.* nehmen
tlhej *v.* begleiten
tlhI' *v.* signieren
tlhIH *pro.* ihr alle
tlhIngan *n.* Klingone
tlhIngan Hol *n.* Klingonisch
tlho' *v.* danken
toH *x.* Aha!
tu- *pr.* ihr-mich
tu'lu' *v.* es gibt
tuQ *v.* tragen
tuQmoH *v.* anziehen
-vaD *ns.* für
vaj *konj.* dann
-vam *ns.* diese/r/s
vav *n.* Vater
vay' *n.* etwas, jemand
veng *n.* Stadt
venwI' *n.* Nerd
venwI' qep *n.* Nerdtreffen
-vetlh *ns.* jene/r/s
vI- *pr.* ich-es, ich-sie
vI'Hop *n.* indirektes Objekt
wanI' *n.* Ereignis
wI- *pr.* wir-es
-wI' *ns.* mein (Personen)
-wIj *ns.* mein (Gegenstände)
yaj *v.* verstehen
yI- *pr.* du-es (Befehl)

adv.	Adverb
konj.	Konjunktion
n.	Nomen
num.	Zahlwort
ns.	Nomensuffix
pr.	Präfix
pro.	Pronomen
v.	Verb
vs.	Verbsuffix
x.	Ausruf

„Unterschrift“ vs. „Autogramm“

Erklärt von Marc Okrand

qI' ist ein Verb mit der Bedeutung *unterzeichnen*, beispielsweise bei der Unterzeichnung einer Vereinbarung, eines Vertrags, Darlehensvertrags, usw. Es bedeutet auch *registrieren* oder *sich anmelden* und wird normalerweise in Bezug auf Konten (online oder anderweitig) verwendet, kann aber auch für die Anmeldung für eine Konferenz oder einen Kurs oder sogar für das Vorsprechen für ein Team oder eine Show verwendet werden.

Das Verb beinhaltet in der Regel, dass als Ergebnis der Unterzeichnung (oder Anmeldung) etwas zustande kommt – eine Verpflichtung oder Zusage oder ein Pakt, eine Antwort oder Vereinbarung irgendeiner Art.

qI' kann auch für das Unterzeichnen einer Petition verwendet werden. In diesem Fall hofft der Unterzeichner auf eine Aktion oder Reaktion des Petitionsempfängers, weiß jedoch, dass diese möglicherweise nicht erfolgen wird. Was durch die Unterzeichnung entstehen könnte, ist daher ungewiss.

Die Unterzeichnung (oder Anmeldung) muss nicht durch Auflegen eines Stifts auf Papier oder Ähnliches erfolgen. Es kann elektronisch (elektronische Signatur) oder irgendetwas anderes sein, das von den beteiligten Parteien anerkannt wird. **qI'** ist immer noch das dafür verwendete Verb.

Das Objekt von **qI'** ist das Dokument (in Papierform oder elektronisch oder was auch immer), auf dem die Signatur landet oder mit dem sie verknüpft wird, und das so zur Dokumentation der Verpflichtung wird.

Wenn man ein Autogramm gibt, geht man damit weder eine Verpflichtung noch wird eine Rückmeldung erwartet. Die Unterschrift eines Prominenten auf einem Foto zum Beispiel impliziert keine Erwartung, dass der Unterzeichner (oder jemand anderes) etwas tun wird oder könnte. Dementsprechend ist **qI'** hier nicht angebracht.

jatlh matlh

Das zum Erstellen eines Autogramms verwendete Verb ist **tlhI'**. Dies ist auch das Verb, das man verwendet, wenn Künstler ihre Werke signieren. Das Verb beschreibt das Anbringen einer bestimmten Markierung, die speziell mit ihrem Ersteller verbunden ist. Bei dieser Markierung könnte es sich um den Namen des Unterzeichners (d. h. seine Unterschrift) handeln (was in der Regel auch der Fall ist). Der Name wird in einer unverwechselbaren Weise, die nur der Unterzeichner verwendet, aufgebracht, möglicherweise in einer Form, die für Unvertraute schwer zu entziffern ist.

Genau wie bei **qI'** ist das Objekt zu **tlhI'** jenes Dokument (oder Foto, Kunstwerk, usw.), auf das die Unterschrift aufgebracht wird.

Es gibt auch ein Substantiv **tlhI'**, das man am besten mit *Signatur* übersetzt. Man sagt nicht **tlhI' tlhI'** *eine Unterschrift unterschreiben*, da das Verb **tlhI'** bereits die Idee beinhaltet, dass das resultierende Zeichen ein **tlhI'** ist.

Nun, **tlhI' tlhI'** könnte man verwenden, wenn es so wäre, dass jemand über ein schon vorhandenes **tlhI'** ein neues schreibt.

bItlhI' vIneH, sinngemäß in etwa *Ich möchte, dass du unterschreibst,* würde man als *Ich möchte dein Autogramm* verstehen. Ähnlich würde **paqwIj DatlhI' vIneH** *Ich möchte, dass du mein Buch signierst* bedeuten.

Interessanterweise kann sich **tlhI'** (sowohl das Substantiv als auch das Verb) auch auf das beziehen, was ein Tier macht, um sein Territorium zu markieren.

Schreiben bzw. *markieren/gravieren* im Allgemeinen ist natürlich **ghItlh**.

tlhI' [t͡ɬɪʔ] **I** *s.* Autogramm *n*, Unterschrift *f*; **II** *v/t.* eigenhändig unterschreiben; mit Autogramm versehen.

Vorsilben-Tabelle

Um in dieser Tabelle die richtige Vorsilbe zu finden, überlege man zuerst, wer das Subjekt ist, also die Person oder Sache, die etwas macht. Dazu findet man die passende Überschrift (z. B. 1. pl: „wir"). Danach geht man in der Spalte hinunter, um das gewünschte Objekt zu finden, d.h. das „Opfer" der Handlung. In dieser Zeile steht dann rechts die gesuchte Vorsilbe.

Eine Null (**0**) in der Tabelle bedeutet, dass dort keine Vorsilbe geschrieben wird. Ein Strich (—) bedeutet, dass man diese Kombination nicht mit einer Vorsilbe ausdrücken kann.

Singular *Einzahl*

1. sg. – ich	
kein Objekt	**jI-**
[mich]	**—**
dich	**qa-**
ihn/sie/es	**vI-**
[uns]	**—**
euch	**Sa-**
sie (pl.)	**vI-**

2. sg. – du	
kein Objekt	**bI-**
mich	**cho-**
[dich]	**–**
ihn/sie/es	**Da-**
uns	**ju-**
[euch]	**–**
sie (pl.)	**Da-**

3. sg. – er/sie/es	
kein Objekt	**0**
mich	**mu-**
dich	**Du-**
ihn/sie/es	**0**
uns	**nu-**
euch	**lI-**
sie (pl.)	**0**

Plural *Mehrzahl*

1. pl. – wir	
kein Objekt	**ma-**
[mich]	**—**
dich	**pI-**
ihn/sie/es	**wI-**
[uns]	**—**
euch	**re-**
sie (pl.)	**DI-**

2. pl. – ihr	
kein Objekt	**Su-**
mich	**tu-**
[dich]	**–**
ihn/sie/es	**bo-**
uns	**che-**
[euch]	**–**
sie (pl.)	**bo-**

3. pl. – sie	
kein Objekt	**0**
mich	**mu-**
dich	**nI-**
ihn/sie/es	**lu-**
uns	**nu-**
euch	**lI-**
sie (pl.)	**0**

Lieven L. Litaer

Die Bucket List für Trekkies:
222 Dinge, die man als Star-Trek-Fan getan haben sollte

Während das Erlernen von Klingonisch als Standard-must-do angesehen werden kann, ist weniger bekannt, dass es in Deutschland die weltweit erste und einzige Achterbahn mit einem Star-Trek-Thema gibt. Ein Besuch der Golden Gate Bridge, die in so vielen Star-Trek-Folgen und -Filmen vorkommt, darf auf der Bucket List natürlich ebenso wenig fehlen wie das Feiern des Captain-Picard-Days (16. Juni).

Der Klingonischlehrer Lieven L. Litaer führt durch 222 spannende, interessante, kleine und große Abenteuer immer mit einem kleinen Augenzwinkern.

www.heel-verlag.de

MARC OKRAND, FLORIS SCHÖNFELD E.A.

paq'batlh: Das Epos der Klingonen

Diese neu interpretierte Geschichte von Kahless diente als Grundlage für die Oper *'u'* von 2011. Sie ist zweisprachig Klingonisch-Deutsch, wurde 2022 komplett überarbeitet und ist nun erstmals auf Deutsch verfügbar, übersetzt durch den Klingonischexperten Lieven L. Litaer.

www.egpyt.de
shop.klingonisch.de

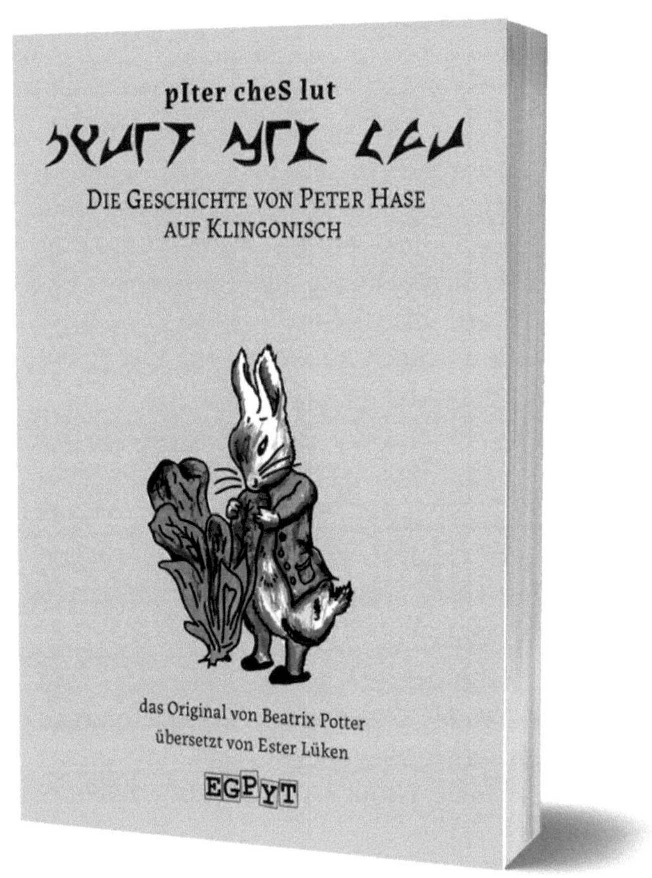

Beatrix Potter / Ester Lüken

Die Geschichte von Peter Hase

Der Kinderbuchklassiker der britischen Autorin Beatrix Potter wurde liebevoll durch die schwedische Klingonistin Ester Lüken ins Klingonische übersetzt. Alle Zeichnungen wurden digital überarbeitet, der Text ist zusätzlich in klingonischen Buchstaben dargestellt.

www.egpyt.de
shop.klingonisch.de

Über den Autor

Lieven L. Litaer, Jahrgang 1980, ist gebürtiger Belgier, der in Deutschland aufgewachsen ist und hier lebt. Schon als Kind hatte er eine Gabe für Sprachen und beherrschte bereits im Grundschulalter mehrere Fremdsprachen. Als er durch sein Interesse für *Star Trek* auf die Sprache der Klingonen traf, führte diese Kombination zu einer Kettenreaktion, die ihn schnell zu einem der führenden Experten der klingonischen Sprache machte.

Seit 2002 organisiert Litaer ein jährlich stattfindendes dreitägiges Sprachsymposium, das auch internationalen Zuspruch erfährt. Litaers Bekanntheit als Lehrer wurde durch seine Klingonischkurse in den sozialen Medien verstärkt und führte zu mehreren TV-Auftritten und internationalen Anfragen zu Übersetzungsprojekten.

Im Jahre 2017 veröffentlichte er das weltweit erste Übungsbuch für Klingonisch, 2018 folgte die klingonische Übersetzung des Kinderbuchklassikers „Der Kleine Prinz", die mit dem Deutschen Phantastik Preis ausgezeichnet wurde.

Im Alltag ist Litaer als Architekt tätig und lebt mit seiner Familie im Saarland.

Homepage des Autors:
https://lieven-litaer.de

Wikipedia:
https://de.wikipedia.org/wiki/Lieven_L._Litaer

Memory Alpha:
https://memory-alpha.fandom.com/de/wiki/Lieven_L._Litaer